innenwelt verlag

Originally published in English and included in the book '*Raising Children in Love, Justice and Truth*' by Barry Long Books, BCM Box 876, London WC1N 3XX England. www.barrylongbooks.com

Deutsche Erstauflage 2007
Umschlaggestaltung: Silke Watermeier
Übersetzung: Mohani Marin-Cardenas

Druck: Westermann Druck Zwickau GmbH, Zwickau
Printed in Germany
ISBN 978-3-936360-21-9

BARRY LONG

Was Kinder brauchen!

Mit Liebe und Gerechtigkeit für Kinder ein Zuhause schaffen

Gespräche mit Eltern zusammengestellt von Clive Tempest

INHALT

EINLEITUNG

IN DIESEM BUCH WERDEN Gespräche mit Eltern darüber geführt, was Kinder brauchen, um den besten Start ins Leben zu bekommen.

Es enthält Ratschläge und Anweisungen des spirituellen Lehrers Barry Long für Mütter und Väter und ist eine Zusammenstellung von Gesprächen, die während vieler seiner Veranstaltungen mit Eltern in Australien, Amerika und Europa geführt und aufgezeichnet wurden. Es werden alle möglichen Situationen im Leben eines Kindes – vom Kleinkind bis zum Teenager – behandelt.

Den meisten Eltern fällt es schwer, mit all den Forderungen, die an sie gestellt werden, fertig zu werden. Viele haben Schwierigkeiten mit ihren Kindern zu kommunizieren. Familien leiden unter dem Stress der modernen Welt. Viele haben mit den Problemen von Trennung und Scheidung zu kämpfen. In den meisten Familien gelten Spannungen und Störungen des Familienlebens als normal. Doch spirituell bewusste Eltern empfinden den Mangel an Harmonie im Zusammenleben als zutiefst belastend.

Müssen unsere Kinder als unglückliche Opfer von Konflikten, Spannungen und Verwirrung aufwachsen?

Barry Long zeigt und lehrt uns, dass es möglich ist, sich vollkommen von Spannungen, Unglück und Verwirrung zu befreien. Es geht hier nicht um eine mysteriöse Erleuchtungslehre, sondern um praktische Aussichten für ganz normale Männer und Frauen. Im Mittelpunkt steht dabei, wie wichtig es für die ganze Menschheit ist, ihre Kinder mit „Liebe, Gerechtigkeit und Wahrheit" zu erziehen.

Liebe kommt natürlich zuerst. Ohne aufrichtige Liebe kann sich kein Kind entfalten. Doch der Ansatz von Barry Long, der mit diesem Buch zum ersten Mal vorgestellt wird, ist einzigartig, denn er sagt, dass Liebe allein nicht ausreichend ist. Wenn sie es wäre, hätten die liebevollen Eltern aller Generationen vor uns unsere Probleme sicherlich lösen können. Dieses Buch stellt eine radikale Methode der Kindererziehung vor, bei der Mutter und Vater den Kindern zeigen, wie man wahrhaftig lebt, versteht, was das Leben ist und sich seinen Schwierigkeiten ohne Angst stellt. Die Gerechtigkeit in dieser Erziehung besteht darin, dass Kinder und Eltern, weil sie ein gemeinsames Ziel haben, sich über dieselben Werte austauschen müssen und sie miteinander teilen.

In diesen Gesprächen mit Eltern zeigt Barry Long mit weitreichendem Blick auf, in welcher Situation sich die Menschheit befindt. So viele Beziehungsprobleme und Spannungen haben ihren Ursprung in der Kindheit, dass diese spirituelle Sichtweise des Familienlebens für uns alle von Bedeutung ist.

Die Situationen, über die in diesem Buch gesprochen wird, sind vielen von uns aus unserer eigenen Kindheit bekannt. Sie sind nicht streng chronologisch von der frühen Kindheit bis zur Pubertät geordnet, sondern nach den unterschiedlichen Themen, die den Ansatz von Barry Long verdeutlichen. In diesem Buch werden keine Hilfsmittel zur schnellen Lösung angeboten. Die Herausforderung besteht darin, die Wahrheit von dem, was hier steht, zu verinnerlichen und sie dann in seinem eigenen Leben umzusetzen.

Großer Dank gebührt all jenen Müttern und Vätern, die zum Entstehen dieses Buches beigetragen haben. Einige Einzelpersonen sind namentlich erwähnt. Die in dem Buch verwendeten Namen sind jedoch fiktiv mit Ausnahme der eigenen Familie von Barry Long.

In diesem Buch geht es um das Familienleben, das sich in erster Linie zu Hause abspielt. Ein weiterer Band mit dem Titel „Was Eltern geben können“ beschäftigt sich damit, wie man Kindern helfen kann, sich dem Druck der Außenwelt zu stellen und mit den negativen Einflüssen umzugehen, denen sie in der Schule und als heranwachsende Teenager ausgesetzt werden. Beide Bücher sind eine Ermutigung und Inspiration für die Eltern, die mit ihren Fragen beigetragen haben und ihr Bestes tun, ihren Kindern ein harmonisches Zuhause zu bieten.

Wie immer hatte ich mein Publikum aufgefordert Fragen zu stellen.
Ein Mann stand auf: „Es fällt mir schwer die Kluft zu meiner siebenjährigen Tochter zu überwinden," sagte er. „Ich will mit ihr wirklich über das Leben reden, bin aber offenbar unfähig dazu. Was kann ich tun?"
„Es liegt daran, dass du noch nie mit ihr kommuniziert hast", sagte ich. „Du musst jetzt anfangen zu kommunizieren. Wofür interessiert sie sich denn?"
„Für Turnen."
„Und was weißt du über Turnen?"
„Nichts. Ich interessiere mich nicht dafür."
„Das ist typisch", sagte ich, „sich selbst wichtiger zu nehmen. Wenn du deine Tochter liebst und mit ihr kommunizieren willst, dann musst du herausfinden, was sie mag. Dann hast du etwas, worüber du mit ihr reden kannst. Es spielt keine Rolle, ob du dich dafür interessierst. Du kannst nur über das, was sie wirklich mag, kommunizieren.
Das Einzige, was du brauchst, um die Kluft zwischen den Generationen zu überwinden – egal in welchem Alter! – ist Liebe, und zwar so viel Liebe, dass sie über die eigenen selbstsüchtigen Interessen hinausgeht. Du – der Papa – bist für deine Kinder nämlich der Guru! Und Guru zu sein bedeutet, deine Liebe zu geben, dich selbst und dein Leben zu geben."

WAHRE ELTERN

AUF MEINEN VORTRAGSREISEN rund um die Welt habe ich festgestellt, dass Mütter und Väter ein großes Bedürfnis haben, praktische Anleitungen für die Kindererziehung zu bekommen. Häufig fragen mich Eltern: „Wie kann ich die Schwierigkeit bewältigen, in der heutigen Welt ein Kind großzuziehen?“ Ich gehe auf ihre Fragen ein und bemühe mich ihnen zu helfen, soweit ich es kann. Dieses Buch ist in der Hauptsache eine Zusammenstellung meiner Antworten auf diese Fragen und enthält außerdem Berichte über meine persönlichen Erfahrungen als Vater und Beschützer, als Guru oder weiser Vater für viele Menschen und als normaler Mensch in der Welt.

Wir werden uns damit beschäftigen, wie Eltern und Kinder von Anfang an ehrlich und wahrhaftig miteinander umgehen können. Ein Kind richtig großzuziehen ist eine so totale Beschäftigung, dass sie jeden Aspekt des Zusammenlebens betrifft. Deshalb gehe ich in diesem Buch auf das Leben insgesamt ein. Jede Selbsterfahrung ist eine Rückkehr zum Ursprung, und jeder von uns war einmal Kind, ob man Kinder hat oder nicht. Deshalb bemühe ich mich aufzuzeigen, wie und warum es für jedes Kind und jede Familie dazu kommt, dass sie irgendwann unglücklich sind.

Ich mache Vorschläge, was man dafür tun kann, dass niemand in der Familie unglücklich ist und wie man Kinder gerecht, liebevoll und wahrhaftig aufzieht, damit sie als Erwachsene mit den Anforderungen der Welt zurechtkommen und dem Leben so, wie es ist, begegnen können.

Die Wahrheit ist immer einfach – einfach genug, um sie einem siebenjährigen Kind zu vermitteln. Deshalb demonstriere ich die Wahrheit oft in Form von Gesprächen oder Dialogen mit einem Kind. Aber eigentlich meine ich dich, den Erwachsenen. Die Wahrheit beginnt bei dir. Wenn du dich nicht darum bemühst, direkt und wahrhaftig zu sein oder selbst mehr Liebe zu sein, wie kannst du dein Kind in Liebe und Wahrhaftigkeit aufziehen?

An erster Stelle steht die Familie der Erde – die menschliche Familie. Der Sinn des Lebens besteht für jeden von uns darin, etwas von bleibendem Wert dazu beizutragen. Als Eltern haben wir eine ganz besondere Gelegenheit dies zu tun. Doch wenn wir uns die menschliche Familie – einschließlich uns selbst – anschauen, stellen wir fest, dass die Eltern von gestern ihre Aufgabe nicht gut erfüllt haben.

Die meisten Erwachsenen haben tiefe persönliche Zweifel, Ängste und Unsicherheiten, die sie aus ihrer eigenen Kindheit mitgebracht haben. Nur sehr wenige Menschen wissen, worum es im Leben wirklich geht; Unwissenheit ist im Überfluss vorhanden. Es gilt als etwas ganz Natürliches, schlechter Laune zu sein oder sich Sorgen zu machen. Es ist normal, andere emotional zu manipulieren, und selbstsüchtig wird davon ausgegangen, man hätte das Recht, jederzeit aufgebracht, wütend oder unfreundlich zu sein – auch mit Menschen, die man liebt. Niemand kann lange Freude empfinden. Schon bald melden sich wieder Sorgen und Verletzungen aus der Vergangenheit. Ängste, Selbstzweifel, Schuldgefühle oder Depressionen folgen auf dem Fuß. Dabei sind die meisten emotionalen Schmerzen und Leiden unnötig. Sie sind selbst gemacht – eine Gewohnheit, die in der Kindheit entstanden ist und weiter fortgesetzt wird, hauptsächlich weil man von seinen Eltern nicht richtig geführt und angeleitet worden ist.

Liebe ist nicht genug für die Erziehung von Kindern. Es muss auch Gerechtigkeit herrschen, und es muss Wahrheit herrschen. Woher wissen wir, was Wahrheit ist? Vieles, was wir zu wissen meinen, kommt daher, was wir gelesen oder gehört haben oder was uns von jemandem beigebracht wurde, der es woanders gelesen oder gehört und dann mit seinen eigenen Werten, Glaubenssätzen und Vorstellungen ausgestattet hat. Woher sollen wir also wissen, was wirklich richtig oder gut oder wahr ist? Alle denken, sie wüssten Bescheid. Alle denken, sie könnten eine bessere Welt erschaffen. Aber das Einzige was Männer und Frauen mit ihrem Denken erschaffen, sind Probleme. Deshalb ist die Welt in einem so furchtbaren Durcheinander.

Tatsächlich handeln die meisten Menschen nach ihrem Gefühl. Aber kaum entwickeln wir ein Gefühl dafür, was richtig ist, müssen wir gleich ein Gefühl dafür haben, was falsch ist. Das sind die beiden Aspekte von Gefühlen – ein gutes Gefühl oder ein schlechtes Gefühl – und es liegt in der

Natur der Dinge, dass das eine nicht ohne das andere sein kann. Solange die Menschen ihrem Gefühl nachgehen und an „gut und schlecht“ glauben, kommt dabei nur Verwirrung und Unglück heraus.

Wenn also Gefühle nicht die Wahrheit sind, was ist dann die Wahrheit? Woran soll ich glauben? Was soll ich tun? Zuerst muss ich mich von allen Glaubenssätzen und Vorstellungen befreien. Ich kann die Erinnerungen nicht aus meinem Gedächtnis vertreiben, aber ich kann aufhören, an alles zu glauben, was mir spirituelle Lehrer oder Priester jemals erzählt haben, was heute für mich nicht die Wahrheit ist. Ich kann frei sein von jedem Glaubenssatz, der von irgendjemandem einmal verkündet wurde, der mir die Wahrheit beibringen wollte, und ebenfalls von jeglicher angenommenen „Wahrheit“, die mir von Wissenschaftlern, Zeitungen und Fernsehen eingeimpft wird. Denn wenn ich mich von all diesen Gedanken, Glaubenssätzen und Gefühlen befreie, beginne ich die Wahrheit zu entdecken, die in mir immer da ist. Wie einfach das ist! Wie einfach das Leben ist! Und wie offensichtlich ist das, was richtig ist – oder das, was nicht ganz richtig ist.

Die Schönheit, die Wahrheit und das Wunder des Lebens sind bereits erschaffen. Ich brauche nur zur natürlichen Einfachheit der Wahrheit des Lebens, die Schöpfung Gottes ist, zurückzukehren. Dann bin ich wahrhaftig – meinem eigenen Wesen gegenüber, das in der Mitte von allem ist, und allem gegenüber, was existiert. Dann bin ich ein verantwortliches Mitglied der menschlichen Familie. In dem Maß, in dem du dies bereits bist, wirst du manches, was ich in diesem Buch sage, als deine Wahrheit bestätigen und sagen können: „Ja, ich sehe die Wahrheit in dem, was er sagt." Wenn du dann erkannt hast, was du eigentlich schon wusstest, wirst du mehr Kraft haben, die Wahrheit zu leben und auch deinen Kindern helfen sie zu leben.

Ich sagte bereits, dass es in diesem Buch darum geht, Kinder in Liebe, Gerechtigkeit und Wahrheit großzuziehen. Was meine ich mit „Gerechtigkeit"? Eltern, die ihre Kinder so aufwachsen lassen möchten, dass sie möglichst nie unglücklich sein brauchen, müssen zuerst einmal Verantwortung für ihre eigenen destruktiven Emotionen übernehmen. Was sie von dem Kind verlangen, müssen sie auch selbst tun. Das ist Gerechtigkeit.

Damit muss man ganz am Anfang beginnen, am besten genau in dem Augenblick, in dem das Kind geboren wird. Einige Männer und Frauen haben meine Lehren bereits praktiziert, als sie sich zum ersten Mal trafen und bevor ihre Kinder geboren wurden. Diese Kinder werden nach dem besten Wissen und Vermögen ihrer Eltern in Liebe und Wahrheit aufgezogen. Aber die meisten Menschen, die mir Fragen stellen, kommen zu mir, wenn ihre Kinder bereits mindestens fünf oder sechs Jahre alt sind oder schon im Teenageralter. Es ist viel schwieriger, sein Leben nach diesen Lehren zu führen, wenn man die Unwissenheit unserer Gesellschaft aufgesaugt hat oder wenn einem das spirituelle Leben nicht richtig und auf praktischer Weise vermittelt wurde. Wenn du jedoch bereit bist damit anzufangen, wird dich dieses Buch anleiten, und du wirst Kindern diese Lehren vermitteln können.

Du bist eine Mutter oder ein Vater oder wirst es eines Tages sein. Oder du bist ein erwachsener Mensch ohne Kinder, der sich den Konsequenzen der Tatsache nicht entziehen kann, dass er in eine Familie hinein geboren wurde. Ich stelle dir die Frage: Was willst du vom Leben? Weißt du, was du willst? Nur wenige Menschen auf dieser Welt wissen wirklich, was sie wollen.

„Wir wollen heiraten und Kinder kriegen. Und wir wollen, dass alles in Ordnung ist und die Kinder glücklich aufwachsen und eines Tages heiraten und eigene Kinder bekommen. Dann kommen unsere Enkel zu Besuch, und wir werden eine große, glückliche Familie sein."

Aber das Leben läuft selten so ab, wie du es wolltest. Niemandem wird das Leben als fertiges Paket geliefert. In Wirklichkeit gibt es nur zwei Möglichkeiten, was man wollen kann. Entweder willst du die Wahrheit leben, oder du willst alles andere als die Wahrheit und wirst deshalb oft verwirrt und unglücklich sein.

Fast jeder Mensch will zunächst einmal alles andere als die Wahrheit. Das führt dazu, dass eine Menge Menschen verwirrt und unglücklich sind. Schau dir die Leute in deiner Nachbarschaft an, schau dir deine eigenen Eltern an. Sie alle haben mehr oder weniger das bekommen, was sie wollten, und haben dann ihre Wünsche an uns weitergegeben. Sie haben uns beigebracht, dieselben Dinge zu wollen. Also legten wir los: Wir wollten und bekamen dieselben Dinge – mit demselben Ergebnis. Schau dir dein eigenes Leben an. Es mag zwar im Moment alles in Ordnung sein, aber Verwirrung und Unzufriedenheit sind nie weit entfernt, wenn du dein Leben nicht danach ausrichtest, zu allererst nur eines zu wollen, und zwar die Wahrheit.

„Ich will die Wahrheit des Lebens. Ich will das Leben so, wie es ist. Ich will dem Leben treu sein."

Für einen Vater oder eine Mutter bedeutet dies, dem Leben, für das ich verantwortlich bin, treu zu sein. Das erste Leben, für das ich verantwortlich bin, ist mein Leben. Und Verantwortung bedeutet, dass ich mich leer mache von jeglichem Festhalten an Wut, Wollen, Groll, Eifersucht und Leiden. Das nächste Leben, wofür ich als Mutter oder Vater verantwortlich bin, ist das Leben meiner Kinder.

In dem Maß, wie ich Verantwortung für mein Leben übernehme, indem ich mich von meinen unglücklichen Emotionen löse, werde ich in der Lage sein, mit meinen Kindern wahrhaftig umzugehen. Dann leiste ich durch sie und durch mein eigenes Leben einen bleibenden Beitrag zum Wohl der menschlichen Familie.

DIE UMARMUNG DER LIEBE

ES IST ES EIN GROSSER SCHOCK für den Körper jedes Neugeborenen, aus der umhüllenden Wärme des Mutterleibs herauszukommen. Bis zu diesem Moment gab es keinen Grund zu atmen oder den Mund zum Essen zu öffnen, keinen Anlass für die Wahrnehmung von Raum oder Zeit. Plötzlich ist die Umgebung fremd und feindlich; es herrscht das Gefühl zu ersticken, das Bedürfnis zu atmen; der Unterschied zwischen Wärme und Kälte. Es gibt das Gefühl von Entfernung oder Isolation, meine Trennung von der flüssigen Welt, die mich bisher umarmte. In diesem Moment des Traumas oder Schocks ist es mein erstes Bedürfnis, von der Wärme eines anderen Körpers umhüllt zu werden. Es ist die Wärme, nach der sich mein Körper mein ganzes Leben lang sehnen wird, bis ich mich zurück in den psychischen Schoß des Todes gleiten und von dem umarmen lasse, was mich dort erwartet.

Wenn also ein Baby zur Welt kommt, ist es lebensnotwendig für das Kind, die körperliche Wärme und Umarmung der Mutter zu spüren. Wenn dies in den ersten Augenblicken nicht möglich ist, dann tragen Hebammen, Krankenschwestern und Ärzte eine große Verantwortung. Es ist am allerwichtigsten, den kleinen Körper zu umarmen und ganz nah am eigenen Körper zu halten. Das Baby braucht diese beruhigende Sicherheit in dem Moment des Übergangs von einer Dimension in die nächste.

„Alles ist in Ordnung. Ich liebe dich. Alles ist in Ordnung. Ich bin hier bei dir. Ich liebe dich."

Glaube nicht, das Kind könne dich nicht hören. Das Baby hört die Liebe in der Stimme, die von der Liebe der Person abhängt, die spricht. Sie kommt von der Süße des Lebens, die diese Person selbst als inneren Zustand des Wohlbefindens erfahren hat und so dem Neugeborenen vermitteln kann.

„Hallo, da bist du ja! Du bist auf dieser Welt angekommen – eine fremde Welt, weil wir alle so isoliert sind. Wir sind Einzelpersonen und voneinander getrennt. Und es ist kalt hier, obwohl wir versuchen, dich warm zu halten. Aber ich möchte, dass du weißt, dass meine warmen Arme dich halten und ich dich lieb habe. Du kommst von einem herrlichen, warmen Platz, wo du nicht atmen und nicht schreien musstest und überhaupt nichts zu tun brauchtest. Aber hier gibt es so viel zu tun, ich weiß. Das ist schon eine seltsame Welt, aber es gibt hier Liebe. Deshalb ist alles in Ordnung. Ich werde mich um dich kümmern, so gut ich kann und dich auf das Leben in dieser fremden Welt vorbereiten. Du kannst die Wärme meiner Arme spüren, und in meiner Stimme hörst du Liebe und meine Zusicherung, dass ich mich um dich kümmere."

Sprich mit dem Neugeborenen auf diese Weise, als ob es jedes Wort verstehen würde, denn das Wesen des Kindes nimmt jedes Wort auf. Auch eine Blume nimmt dein

„Hallo!“ wahr, wenn du es wirklich meinst, denn alle Lebewesen sind miteinander verbunden. Wir sind psychische Geschöpfe, und die Energie der Stimme überträgt die psychische Bedeutung, solange das, was wir sagen, tatsächlich leben und unseren Aussagen gegenüber treu sind.

„Ich liebe dich. Du kannst meine Umarmung spüren. Es ist ganz wichtig für dich in dieser Welt, die Wärme der Liebe eines anderen zu spüren. Und diese Arme werden dich so lange umarmen, wie ich bei dir sein kann. Das sind die Arme der Liebe. Meine Arme der Liebe umarmen dich. Ist es nicht schön, so in meinen Armen zu liegen? Es ist gut, wenn du sie um dich spüren kannst. Und für mich ist es gut, dich zu halten. Es ist wunderschön für mich, dich in diesen Armen der Liebe zu halten.“

Während du mit dem Baby leise auf diese Art sprichst, gibst du ihm deine ganze liebevolle Aufmerksamkeit. In der Batterie der Erfahrung des Kindes wird so das Wissen „Ich werde geliebt“ gespeichert. Ein Baby, mit dem man so spricht, wird dann weniger Aufmerksamkeit fordern. Es wird sich weniger verunsichert fühlen, wenn die Eltern nicht im Zimmer sind; das Kleinkind wird nicht so viel Aufmerksamkeit fordern, wenn es plötzlich merkt, dass die Mutter nicht im Haus ist.

Ein Kind wird sich weniger anklammern, weniger versuchen, durch Berührung und Festhalten Kontakt zu machen, wenn es bereits häufigen Körperkontakt mit Mutter und Vater hat. Wenn deine Kinder vier oder fünf Jahre alt sind, wissen sie, dass Schmusen eine ganz natürliche Sache ist und dass Mama oder Papa jederzeit zu ihnen kommen können, sie auf den Arm nehmen und sagen: „Hallo, mein Kleines! Hallo!“ und mit ihnen schmusen. Wenn der körperliche Kontakt, den sie brauchen, bereits da ist, brauchen ihn Kinder nicht einzufordern.

Ich habe in meinen Seminaren in verschiedenen Ländern der Welt mit Tausenden von Menschen gesprochen, und es ist erstaunlich, wie viele Menschen mir erzählen, dass sie als Kinder nie geknuddelt wurden. Ihre Mütter oder Väter konnten nicht auf sie zugehen und sie umarmen.

So viele Menschen versuchen immer noch Liebe zu finden. So viele Menschen haben mir erzählt, wie schwer es ihnen fällt ihren Partner wirklich zu umarmen, und sie schreiben es der Tatsache zu, dass ihre eigenen Mütter und Väter sie nicht umarmen wollten oder es nicht konnten.

So viele Menschen haben mir gesagt: „Was ist Liebe? Ich weiß nicht, ob ich jemals geliebt habe oder geliebt worden bin. Ich glaube, ich weiß nicht einmal, was Liebe ist.“ Das ist allerdings nur der ‚Denker‘, der so spricht. Im Verstand gibt es keine Liebe, darum weiß der ‚Denker’ natürlich nicht, was Liebe ist.

So viele Menschen vermeiden ganz einfache Handlungen der Liebe. „Was soll ich tun, um Liebe zu finden?“, fragen sie. Ihre Liebe ist völlig überdeckt davon, Liebe finden zu wollen und darüber nachzudenken, anstatt wie ein unschuldiges Baby zu sein, zurück am Anfang, einfach wissend: „Ich brauche Liebe, denn alles braucht die Wärme der Liebe.“

Der einfache Anfang der Liebe ist in der warmen und sicheren Umarmung dieser ersten Momente des Lebens zu spüren. Die Umarmung der Liebe ist ebenso wichtig, wenn das Kind größer wird. Als Eltern, die dieses Buch lesen, müsst ihr Verantwortung für eure Liebe und für das Kind übernehmen, das die Liebe und Sicherheit eurer Umarmungen braucht. Wenn es morgens Zeit ist zur Schule zu gehen, nehmt euch die Zeit, eure kleinen Töchter und Söhne zu umarmen, bevor sie das Haus verlassen. Und wenn sie wieder nach Hause kommen, nehmt sie zur Begrüßung in den Arm. Das sollte die liebevolle Handlung beider Eltern sein, nicht nur der Mutter. Jeder gibt verschiedene psychische Schwingungen weiter, die vom Erfahrungskörper des Kindes aufgenommen werden.

Es ist also ebenso wichtig, dass auch der Vater seine Kinder umarmt, denn er hat eine ganz andere Art mit ihnen zu sein und zu spielen. Sie lieben seine männliche Umarmung und warten oft darauf. Nimm das kleine Wesen an der Hand und spiele mit ihm, sei einfach für es da. Es ist niemals gut zu sagen, dass du zu viel zu tun hast oder zu müde bist. Nimm dir die Zeit! Wenn dir deine Arbeit wichtiger ist als deine Liebe, warum hast du dann ein Kind? Du musst lieben, was dir anvertraut wurde. Du musst verantwortlich sein für deine Liebe, dein Kind.

Ich benutze häufig das Wort „müssen“ um etwas zu betonen, aber ich meine damit nicht, dass ich dir etwas vorschreiben will, wenn es nicht deine Wahrheit ist. Wenn es für dich die Wahrheit ist, ist es die Wahrheit. Dann musst du sie nur noch umsetzen. Und das ist gar nicht so einfach in einer Welt, wo so viele Kräfte wirken, die auch meinen, die Wahrheit zu besitzen. In dem Maße, in dem du die

Verantwortung für deine Liebe übernimmst und dein Bestes tust, um die Wahrheit zu leben, wirst du deinen Weg durch das Labyrinth der Kräfte finden können, die sich zwangsläufig jedem von uns in dieser Existenz in den Weg stellen.

Mann: Darf ich etwas dazu sagen?

Nur zu.

Mann: Du hast gesagt, dass ein Kind die Umarmung von Vater und Mutter braucht. Aber heutzutage wachsen so viele Kinder mit nur einem Elternteil auf.

Wenn Vater oder Mutter fortgehen oder sterben, muss das Kind dann leiden? Nicht unbedingt. Wenn das Kind von nur einem Elternteil Liebe bekommt, dann muss dieser Elternteil offensichtlich mehr Liebe zu vergeben haben. Da die Wahrheit immer in den Tatsachen gesehen wird, ist das Leben mit einem allein erziehenden Elternteil offenbar die richtige Situation für diese Familie, also muss die Liebe eines Elternteils auch ausreichen. Wenn genügend Liebe da ist, kann man auch mit einem Flügel fliegen.

Mann: Mein Sohn lebt bei seiner Mutter meilenweit von mir entfernt, und ich kann sie nicht sehr oft besuchen gehen. Aber ich liebe ihn, und ich glaube, er weiß das.

Eine Mutter: Natürlich ist es wichtig, ein Kind in den Arm zu nehmen, aber brauchen manche Kinder vielleicht mehr Streichel-

einheiten als andere? Ich stelle fest, dass mich mein kleiner Sohn manchmal weg stoßen will.

Jedes Kind muss ermutigt werden, seine Körperlichkeit zu leben. Vielleicht hat der Junge eine gewisse Vorbelastung, dass er nicht schmusen will, denn jeder von uns wird mit bestimmten Veranlagungen geboren. Doch es ist wichtig, eine negative Tendenz wie diese, deine Umarmung abzulehnen, zu überwinden.

Mann: Was könnte denn der Grund für eine solche Veranlagung sein.

Sie könnte vor der Geburt entstanden sein, durch ein unglückliches Gefühl im Mutterleib. Wenn es in deinem Fall so war, dann weißt du es (zur Mutter sprechend). Wenn eine Mutter während der Schwangerschaft unglücklich in der Liebe ist, kann es sein, dass sie das Gefühl der Umarmung abgelehnt hat. Das könnte bei ihrem Kind die Neigung hervorrufen, körperlichen Kontakt mit der Liebe abzulehnen.

Eltern können ihren Kindern helfen solche Prägungen zu überwinden, indem sie sie als Baby ganz viel knuddeln und ihnen, wenn sie größer werden, die Wärme ihrer Umarmung geben. Auf diese Weise werden sie immer wissen, wie sich körperliche Liebe anfühlt. Eines Tages wird es sehr wichtig für sie sein, den Menschen, den sie lieben, auch wirklich umarmen zu können. Ganz von Anfang an braucht das Kind die Sicherheit und Wärme deiner Liebe als körperliche Erfahrung.

Wir müssen unseren Kindern beibringen, was Liebe ist. Sonst übernehmen sie die Vorstellungen von Liebe, die in der Welt existieren, dieselbe Ignoranz und Verwirrung, wie wir sie selbst von der Welt mitbekommen haben.

„Liebe Grüße für dich von deiner Omi," oder „Alles Liebe zum Geburtstag von Onkel Hans."

Grußkarten und der Austausch von Freundlichkeiten im Alltagsgespräch machen Liebe so unwirklich wie die Liebe in einer Puppe oder einem Kuscheltier.

Dieser Mann, der sich insgeheim eingesteht, dass er eigentlich nicht weiß, was Liebe ist, sagt zu seinen Kindern: „Ich liebe dich." So viel Ignoranz herrscht in einer Welt, wo Männer und Frauen nicht leben, was sie sagen, und wo völlige Verwirrung in Sachen Liebe der allgemeine Normalzustand ist.

Wir müssen der Liebe viel mehr Substanz geben, mehr als nur Worte es können. Um den Kindern zu zeigen, was Liebe ist, müssen wir sie ermutigen, die Liebe in ihrem eigenen Körper zu fühlen. Denn wirkliches Wissen ist die Erfahrung des eigenen Körpers. Ich schlage vor, sich mit dem Kind von frühster Kindheit an hinzusetzen und mit ihm zu schmusen. Nimm es nicht nur kurz in den Arm. Die Erfahrung muss Tiefe haben. Es muss die Wärme der Liebe vorhanden sein.

„Mama und Papa lieben dich. Kannst du spüren, wie warm unsere Liebe ist? Spürst du, die Beständigkeit meiner Umarmung?"

Umarme das Kind zuerst richtig, und dann gib ihm eine eher halbherzige Umarmung. „Spürst du den Unterschied?

So ist es jetzt nicht fest und bedeutet nichts. Wenn ich dich aber mit Liebe halte, dann kannst du die Liebe spüren."

„Und jetzt nehme ich meine Arme weg. Merkst du, was passiert?"

„Und jetzt komm her und lass uns wieder knuddeln. Spürst du wieder die Wärme?"

Auf diese Weise beginnst du die wirkliche Wärme der Liebe in der Umarmung aufzuzeigen. Wärme hat zwei Aspekte: Der erste ist die Temperatur, die physische Körperwärme, die oberflächlich ist. Der zweite und tiefere Aspekt von Wärme ist psychisch. Meine Körperwärme gibt mir das Leben. Psychische Wärme gibt mir mein Bewusstsein. Wenn ich bewusst Liebe empfinde, bringe ich Wärme in meine Psyche. Wenn ich meine Liebe psychisch kommuniziere, ist ihre Wärme viel stärker und hält länger vor.

Du kannst dies in deinem eigenen Liebesleben als Erwachsener feststellen. Wir alle sind Kinder der Erde und sehnen uns nach der Wärme der Liebe von einem Mann oder einer Frau. Wir alle möchten diese unsichtbare, unmessbare Eigenschaft von psychischer Wärme immer sein und immer empfangen.

Wir müssen also unseren Kindern demonstrieren, was Liebe ist, und wir müssen ihnen zeigen, wo sie ist. Setzt euch in einem passenden Augenblick zusammen – Mutter, Vater und Kind. Wählt den richtigen Moment, in dem die Aufmerksamkeit des Kindes ganz bei euch ist.

„Komm, wir setzen uns hin und machen ein Spiel. Wir machen eine Entdeckungsreise. Wir zeigen dir jetzt, wo

Liebe ist. Also: Liebst du die Mama?"

„Ja", sagt das Kind.

„Und wo fühlst du die Liebe zur Mama?"

Wahrscheinlich wird das Kind irgendwo in seine Bauchgegend zeigen.

„Dort fühlst du, wie lieb du die Mama hast?"

„Ja."

„Und den Papa? Am selben Platz?"

„Ja, ja."

Es geht darum, die Vorstellung von Liebe in ein körperliches Gefühl zu übertragen. Dann wird das Kind mit der substanziellen Erfahrung von Liebe aufwachsen: „Ah ja! Ich fühle Liebe. Genau dort kann ich sie spüren."

Es gibt viele Gelegenheiten, ihm das beizubringen: „Siehst du den kleinen Vogel da drüben? Hörst du, wie schön er singt? Magst du das gern? Kannst du in dir Liebe dafür spüren?"

Wenn ihr dem Kind in jungen Jahren das substanzielle Gefühl von Liebe vermitteln könnt, dann wird es später, wenn die sexuelle Energie beginnt durch seinen Körper zu schießen, das Gefühl von Liebe ganz klar erkennen können.

Mann: Angenommen, das Kind bekommt es beim ersten Mal gar nicht mit. Vielleicht zeigt es nicht auf seinen Bauch, sondern auf seinen Kopf!

Dann würde ich sagen: „Fühlst du es wirklich dort? Ich glaube nicht. Der Kopf kann eigentlich gar nicht richtig fühlen. Ich fühle es hier unten, im oberen Teil meines Bauches, es fühlt sich irgendwie warm an."

Lass das Kind mit seiner Aufmerksamkeit weiter in die körperlichen Empfindungen gehen: „Kannst du in deinem Bauch etwas fühlen? Weißt du, wie es sich morgens beim Frühstück in deinem Bauch anfühlt, wenn du die Wärme der Cornflakes in deinem Bauch spürst? Die Wärme ist eine Form von Liebe. Der Körper wächst nämlich von der Liebe, und Essen ist eine Form von Liebe für den Körper. Dann haben wir noch etwas, das heißt Verdauung. Die passiert unten in unserem Bauch. Die Verdauung verwandelt das Essen in Energie, und mit der Energie können wir herumlaufen und die Welt anschauen. Essen ist wie Brennstoff, mit dem wir ein Feuer in unserem Bauch anheizen. Und Liebe ist genau so. Sie hat Wärme."

„Siehst du, wie schön die Blätter auf den Bäumen sind? Schau sie dir mal an. Kannst du sehen, wie sich die Farben von den Blättern im Herbst verändern, wie wunderbar sie in der untergehenden Sonne leuchten?" Sieht das nicht toll aus? Auch das Gefühl ist Liebe. Kannst du sie spüren? Ja? Du kannst sie immer noch fühlen, wenn du so etwas Schönes gesehen hast, nicht wahr?"

„Siehst du? Über Liebe brauchst du nicht nachdenken. Wir können nicht darüber nachdenken. Wir fühlen sie einfach. Und sie fühlt sich doch gut an, oder?"

Je mehr ihr mit kleinen Kindern auf diese Weise sprecht, desto mehr vermittelt ihr ihnen, dass Liebe eine sinnliche Empfindung ist und keine Vorstellung im Kopf, wie sie die meisten Menschen mit sich herumtragen. Je mehr sie die Empfindung von Liebe in ihrem eigenen Körper erfahren, desto besser sind sie auf die sexuelle Liebe später in ihrem Leben vorbereitet. Wenn sie größer werden, treten sie immer mehr in die mentale Welt ein und verlieren allmählich die Verbindung mit ihrer Sinneswahrnehmung – bis sie der Sexualtrieb in der Pubertät in ihren Körper zurückbringt. Wenn sie in ihrer frühen Kindheit so viel wie möglich in ihrem Körper sind, wird es ihnen später helfen, wenn sie die unvermeidlichen Qualen von sexueller Verwirrung und Enttäuschung durchmachen müssen.

Wir kommen aus dem Land der Liebe. Im Laufe der Zeit erlangen wir diese geteilte, persönliche Existenz. Und indem wir uns dagegen wehren, erlangen wir unser Selbst.

Junge Mutter: Dieses wunderbare, süße, kleine Baby in meinen Armen wird allmählich eine eigene Person. Sie ist so schön – ich bin ganz vernarrt in sie. Ich habe noch nie so viel Liebe erfahren. In dem Moment, als sie geboren wurde, war ich plötzlich im Himmel. Ich wusste nicht, dass ich zu solcher Liebe fähig bin. Ich liebe sie so sehr, dass ich manchmal das Gefühl habe nicht richtig zu wissen, was ich damit tun soll… Dann sehe ich, dass ich Angst vor dem habe, was mit Sicherheit kommen wird, nämlich dass diese Liebe verloren geht. Sie beginnt schon ein wenig unabhängiger zu werden und ein bisschen eigensinnig. Sie fängt an zu krabbeln und ich spüre schon, dass sie mir entrissen wird…

Es ist so unnatürlich getrennt zu sein. In deinem Baby siehst du ein Wesen, das noch so nahe am Land der Liebe ist, das nicht geteilt ist. Das ist die außergewöhnliche Erfahrung, wenn du ein Neugeborenes in den Armen hältst. Aber du weißt, dass sie das Land der Liebe verlassen muss, wie wir es alle mussten. Und dem musst du dich stellen.

Mutter: Ich weiß, was ich tun muss. Ich muss einfach für sie da sein, solange sie mich braucht, und sie loslassen, sobald sie gehen will.

Junge Mutter: Ich habe einen Vierjährigen. Er ist ziemlich unabhängig geworden und hat schon einen starken Charakter. Kannst du mir sagen, wie ich ihm helfen kann, zu einem liebevollen Mann aufzuwachsen?

Das Wichtigste ist, ihn wissen zu lassen, dass du ihn liebst. Scheue dich nicht, ihm deine Liebe körperlich zu zeigen. Vergiss nicht, dass der Junge die Liebe von seiner Mutter und seinem Vater körperlich erfahren muss. Halte ihn in deinen Armen. Spiele mit ihm, rolle mit ihm auf dem Boden herum. Wenn er später in seinem Leben keine Angst vor der körperlichen Liebe haben soll, dann braucht er den körperlichen Kontakt mit der Wärme deiner Liebe.

Mutter: Wie ist es mit älteren Kindern? Mein Sohn wird bald zwölf und fängt an, in die Welt hinaus zu gehen. Ich möchte, dass er in der Lage ist, seine Erfahrungen mit der Liebe zu machen, auch wenn Liebe manchmal weh tut. Mir ist bewusst, wie sehr ich ihn immer noch vor Verletzungen beschützen will, vor der

„Kälte" der Liebe und der Tatsache, dass er allein ist.

Natürlich. Eine Mutter, die ihr Kind liebt als Erweiterung ihres eigenen Seins, ihres eigenen Selbst, hat den natürlichen Impuls, es vor jeder Art von Verletzung zu beschützen. Du bist eine reife Frau, die die Realität der Liebe kennt. Du weißt, dass Liebe in ihrer reinen Wirklichkeit tatsächlich kalt ist. Sie ist ohne Sentimentalität. Sie ist nicht behaglich oder bequem. Dir ist die „Tatsache, dass man allein ist" bewusst. Letztendlich bin ich allein, denn das ist die letzte Wahrheit für jeden von uns. Und als Mutter weißt du, dass dein Sohn die Kälte der Liebe nicht annehmen kann, bevor er nicht ihre Wärme bekommen hat.

Diese „Kälte" der Liebe ist nicht das frostige Gefühl, ungeliebt zu sein und auch nicht die Einsamkeit, wenn man sich abgelehnt fühlt. In der Wirklichkeit von Liebe gibt es keine Gefühle. Die Kälte der Liebe ist eine unpersönliche Eigenschaft, die vollkommen ohne Rücksicht auf Gefühle handelt. Wo immer man sich voller Sentimentalität an Liebe als Gefühl klammert oder von Liebe als geteilter Wärme abhängig ist, ist die Wirklichkeit der Liebe kalt.

In Familien, wo Liebe meistens durch sentimentale Gefühlsäußerungen gezeigt wird, werden Kinder dazu erzogen, von Emotionalität abhängig zu sein und hängen dann so stark an der persönlichen Liebe, dass sie furchtbar leiden müssen, wenn sich im Prozess der Entwicklung die Liebe in ihren wahren unpersönlichen Farben zeigt.

Um deinen Sohn auf die Realität der Liebe vorzubereiten, schlägst du zwei Wege ein:

Du gibst ihm freizügig die Wärme der Liebe, die du für ihn empfindest, und du gibst ihm die Wahrheit deiner Ehrlichkeit und Direktheit. Wenn du ihn in die Arme nimmst, empfängt er die Wärme deiner Umarmung. Interessiere dich dafür, was er tut, dann empfängt er die Wärme deiner Liebe durch Kommunikation. Wenn er größer wird, sprich offen und ehrlich mit ihm über die Liebe, das Leben und die Wahrheit. Mach ihm klar, was es mit Mann und Frau auf sich hat, und zwar mit der Wahrheit deiner eigenen Erfahrung.

Du musst eine Balance zwischen Kälte und Wärme herstellen. Beides muss in dein Familienleben eingewoben werden. Du wirst feststellen, dass du es schaffst, solange du dich bemühst die Wahrheit zu leben – so gut, wie du es kannst. Dann wirst du den Mut und die Präsenz finden, deinen Sohn zur richtigen Reife zu führen, ohne ihn dazu zu zwingen, zu schnell zu reifen und ohne es zuzulassen, dass er in seiner Entwicklung in der Liebe zurückbleibt.

Mann: Diese Balance scheint mir sehr wichtig zu sein, denn Wärme darf nicht erstickend sein. Ich denke, so ist es mir ergangen – ich bin ein Fall von zu viel mütterlicher Liebe. Sie hat mich zu sehr geliebt; sie hat mich wirklich verweichlicht, und ich glaube, dass meine Reaktion darauf Ablehnung war, denn ich bin jahrelang herumgelaufen und habe gesagt, dass es so etwas wie Liebe gar nicht gibt.

Ja, das ist eine normale Reaktion, wenn die Liebe der Mutter allzu sentimental und übermäßig süß ist. Das Kind zieht sich zurück und vermeidet offen gezeigte Zuneigung. Ein solcher Junge wird sich wahrscheinlich später im Leben vor der Liebe verschließen. Deshalb ist es so wichtig, unseren Kindern Liebe und Wahrheit in der richtigen Balance zu geben, so gut wir es ihnen durch unser lebendiges Beispiel vorleben können.

Liebe muss von Wahrheit und Gerechtigkeit begleitet sein. Mutter und Vater müssen in ihrer Liebe füreinander klar und ehrlich sein, bevor sie das Kind richtig lieben können. Wenn die Eltern nicht ehrlich sind und ihr Liebesleben nicht in Ordnung ist, dann ist es sehr wahrscheinlich, dass die Kinder diese Unehrlichkeit und mangelnde Liebe in ihre eigenen Beziehungen hineintragen.

Mutter und Vater sind sonntags beim Mittagessen noch freundlich und nett zueinander, und bevor sie zu Bett gehen, reißen sie sich gegenseitig die Haare aus. Doppelmoral ist in unserem Leben so weit verbreitet, dass wir uns daran gewöhnt haben, unehrlich zu sein. Aber als Kinder nehmen wir alles für bare Münze. Es ist für Kinder nicht einfach, hinterhältig und unehrlich zu sein, aber allmählich lernen sie vom Beispiel der Erwachsenen. Was geschieht, wenn Eltern sich streiten und kämpfen? Die Kinder nehmen es auf sich, und es wird für sie zu einer lebenslangen Last.

Frau: Das ist so wahr. Ich habe manchmal panische Angst zu lieben oder geliebt zu werden. Es genügt ein süßer oder intimer Moment und ich ziehe mich zurück, ganz unbewusst, ohne es wirklich zu wollen. Ich bin sicher, es liegt daran, dass meine Eltern ständig gestritten haben. Sie haben sich geliebt, aber sie waren sehr emotional und lagen immer im Streit.

Und das kleine Mädchen war entsetzt darüber, was da passierte. Sie weinte und rannte weg und kam zurück und schrie: „Mama, Papa, hört damit auf! Bitte macht das nicht, bitte!" Sie zog sich innerlich zusammen, wenn sie sah, was geschah. Diese Kontraktion ist in ihr Unterbewusstsein gegangen. So etwas geht nicht einfach wieder weg.

Wie viele von euch haben geweint? Wie viele haben versucht, den Streit zu beenden? Mit mir ist das jedenfalls auch passiert. Der kleine Junge in diesem Körper schrie und weinte: „Hört auf! Bitte, bitte, hört auf!"

Das kleine Wesen nimmt den Schmerz des Konflikts auf sich und fühlt: „Ich bin dafür verantwortlich, dass sie so unglücklich sind," oder „Ich bin dafür verantwortlich, dass sie wieder zusammenkommen und Frieden schließen," – eine schreckliche innere Belastung für das Kind, die Last von falscher Verantwortung und Schuld. Diese Emotion bleibt im Körper, und sobald jemand kommt, der liebevoll und zärtlich zu dem Kind ist, zieht es sich zurück. Das Kind glaubt nicht mehr daran.

Mann: Damit kann ich mich auch identifizieren, denn für mich war es genau so als Junge, und ich habe dieselbe Art von Emotionen in meine erste Ehe mitgenommen – einen Widerwillen dagegen, mich emotionalen Situationen auszusetzen, Angst davor zu lieben oder mangelndes Vertrauen. Und wahrscheinlich habe ich dasselbe meinen eigenen Kindern weitergegeben. Ich denke daran, was in der Bibel steht: „Die Sünden der Väter sollen auf die Söhne und Töchter fallen, von Geschlecht zu Geschlecht."

Der alte Spruch ist wahr, außer dass das Wort „Sünde" den Fluch der Strafe der christlichen Religion beinhaltet, und das ist überholt. Setze an die Stelle von „Sünden" der Väter ihr Leiden und ihre Unwissenheit. Dann ist die Lösung einfach. Befreie dich vom Leiden in dieser Generation. Befreie dich von der Unwissenheit in dir.

Mann: Das ist leichter gesagt als getan. Aber ich arbeite mit meiner neuen Partnerin daran. Mit ihr ist es ganz anders, obwohl ich immer noch manchmal frustriert bin.

Du wirst dich von der Frustration befreien, wenn du dein Liebesleben in Ordnung bringst, das bedeutet, dass ihr ehrlich miteinander sein müsst. Und ihr müsst den Liebesakt richtig vollziehen. Ihr müsst eure gewohnheitsmäßige Sexualität aufgeben und lernen, wie man den Liebesakt immer wieder frisch und neu macht. (Das Thema wird in meinem Buch „Sexuelle Liebe auf göttliche Weise" behandelt). Wenn ihr nämlich euer Liebesleben nicht in Ordnung bringt, ist es sehr wahrscheinlich, dass sich eure Unehrlichkeit in der Liebe auf die Kinder überträgt.

Mann: Es ist wahrscheinlich zu spät für sie. Sie müssen nun ihren eigenen Weg finden. Aber ich hoffe trotzdem, dass ich in gewissem Maß den Schaden wieder gutmache, denn je liebevoller ich bin, desto mehr Liebe ist da, und dann kann Heilung stattfinden. Ich sehe das bei der Frau, mit der ich jetzt zusammen bin. Liebe ist wirklich eine Erlösung, nicht war?

Ja, und ein Mann der Liebe, der aus einer Frau den Schmerz heraus lieben kann, ist wirklich ihr Erlöser, denn davon kann sie sich nicht selbst erlösen. Aber dafür muss der Mann sie wahrhaftig lieben. Dadurch erlöst er auch sich selbst. Allerdings spreche ich hier von wahrer Liebe, von Selbstloser Liebe.

Das Selbst ist immer unglücklich. Die Frau an sich ist schon unglücklich genug. Wenn du sie mit deinem Selbst liebst, gibst du ihr nur noch mehr Selbst, noch mehr Unglück. Ein Mann muss eine Frau mit einer solchen Liebe lieben, dass alle ihre vergangenen Beziehungen aus ihr heraus geliebt werden – ihre Mutter, ihren Vater, alle ihre früheren Liebhaber, ihre ganzen Ängste und falschen Vorstellungen, ihre Schmerzen und Kontraktionen. Der Mann muss das Kind aus ihr heraus lieben, das kleine Mädchen, das innerlich immer noch weint. Das ist wahre Liebe.

Von allen Belastungen, denen die Liebe zwischen Mann und Frau ausgesetzt ist, ist die Gegenwart eines Kindes oder von Kindern im Haus die dauerhafteste. Doch obwohl Kinder Liebe und Aufmerksamkeit brauchen, dürfen die Eltern niemals zulassen, dass die Kinder ihrer Liebe zueinander im Weg stehen. Ganz von Anfang an müssen sich Mutter und Vater immer wieder daran erinnern, dass ihre Liebe zueinander Vorrang hat. Natürlich ist das nicht leicht, denn die Ankunft eines Neugeborenen ist eine ungeheure Belastung für das Zusammenleben.

Junge Mutter: Es ist die härteste Zeit meines Lebens! Ich bin immer müde. Ich versuche alles, um mich mit der Müdigkeit nicht zu identifizieren, aber da das Baby ständig Aufmerksamkeit braucht, kommt der Liebesakt meistens gar nicht in Frage. Es ist schon schwierig genug, überhaupt Zeit miteinander zu verbringen.

Vater: Bevor das Baby kam, hielten wir es für selbstverständlich, dass wir zusammen sein konnten, wann immer wir wollten. Jetzt muss ich sie mit dem Baby sein lassen... Sie muss ihm ihre Aufmerksamkeit zukommen lassen.

Seid ihr – mit eurer großen Liebe für das Kind – bereit, ihm zu zeigen, dass ihr beide Zeit für euer Zusammensein braucht? Das müsst ihr mit ihm so früh wie möglich kommunizieren.

„Um unsere Liebe fortzusetzen, um Liebe zu sein, die wir ja alle sind, brauchen deine Mama und dein Papa Zeit um zusammen zu sein, aber wir werden dich niemals von unserer Liebe ausschließen."

Es ist äußerst wichtig, den Kindern zu vermitteln, dass wir als Eltern Zeit brauchen, einander zu lieben, sonst wollen sie sich einmischen und sich zwischen uns stellen.

Dann werden sie fordernd und wollen gerade dann Aufmerksamkeit, wenn wir unsere Zeit allein miteinander verbringen sollten.

„Ich muss dich jetzt allein lassen, damit Mama und ich Zeit für uns haben. Wir gehen jetzt in unser Zimmer um uns zu lieben. Und Mutter und Vater müssen sich lieben, damit sie ihr Kind lieben. Wenn wir uns nicht lieben, bleibt nicht genug Liebe für dich. Aber weil wir uns lieben, ist es in Ordnung, dass du jetzt für dich bist, denn du weißt, dass wir dich lieben."

Wenn diese Botschaft angekommen ist, wird der Junge, wenn er größer wird, in der Lage sein, ganz zufrieden für sich allein spielen zu gehen, auf seine Art, ohne Aufmerksamkeit zu verlangen.

Frau: Ich habe seit einigen Jahren eine Beziehung mit einem viel jüngeren Mann, und wir haben ein gemeinsames Kind, mein erstes. In den letzten beiden Jahren ist unsere Beziehung ziemlich selbstgefällig geworden, vielleicht weil ich mit dem Baby überlastet war. Wir lieben uns immer noch, aber es ist keine Leidenschaft mehr da. Ich weiß, dass die anfängliche Leidenschaft im Laufe jeder Beziehung nachlässt, aber mit einem Kind im Haus scheint es unvermeidlich zu sein.

Ihr könnt es euch nicht leisten, euch die Liebe entgleiten zu lassen. Du darfst nicht zulassen, dass du zu müde für den Liebesakt bist, und er darf keine Ausreden haben um sich zu drücken. „Ich komme heute Abend wieder spät von der Arbeit. Ich muss jetzt mehr arbeiten, weil wir zu dritt sind, das verstehst du doch." – Eigentlich sollte er mehr daran arbeiten, die Liebe wieder zurück zu bekommen. – Du kannst nicht erwarten, dass eure Liebe lebendig bleibt, wenn er ohne dich in den Club oder zum Fußball geht. Auch wenn einer von euch beiden vielleicht einmal in der Woche oder alle zehn Tage plötzlich die Leidenschaft wieder entdeckt, seid ihr dazwischen zu sehr mit euren getrennten Leben beschäftigt. Und das ist nicht lebendige Liebe, dass ist lebendiger Tod.

Willst du denn eine lauwarme Beziehung? Darf ich fragen, wann dein Partner angefangen hat das Interesse zu verlieren?

Frau: Ungefähr zu der Zeit, als das Baby kam.

Du musst als Frau wachsam sein und die Zeichen erkennen, wenn das Baby zwischen dich und deinen Partner kommt. Wenn er dich liebt, wird er sein Bestes tun, aus Liebe zu handeln, aber auch wenn er noch so sehr versucht, sein Desinteresse zu verbergen, wird der Liebesakt allmählich mühsam. Die Beziehung verliert das Prickelnde, und es kommt eine Art von Leblosigkeit zwischen euch. Du musst ihm ebenso viel Aufmerksamkeit schenken wie dem Kind, denn im Grunde seines Herzens ist er einfach ein Junge, der deine Liebe braucht.

Wenn die ganze Liebe und Aufmerksamkeit einer Frau zu ihrem Baby geht, beginnt sie durch das Kind zu leben, und dann gibt es später nichts mehr zu reden außer über die Kinder, und schließlich gibt es keinen Grund mehr zusammen zu bleiben, außer „nur wegen der Kinder“. Das ist der lebendige Tod zwischen Mann und Frau.

„Was tun wir mit unserem Leben? Wir haben uns immer weiter voneinander entfernt. Wir haben ein schönes Zuhause, viel Geld, zwei Autos und wir haben die Kinder. Aber was ist mit uns?“

Warum sind die Lust und die Leidenschaft verschwunden? Weil du dich nur um dein Kind kümmerst, und dein Partner das Interesse an der Liebe verloren hat. Jetzt gibt es nur eines zu tun: Setzt euch zusammen und führt ein intelligentes Gespräch. Sprecht ehrlich miteinander darüber, was ihr wollt. Und bringt eure Körper wieder zusammen.

Es ist für jedes Paar schwer, die Liebe frisch und neu zu erhalten, aber tragischerweise bewirken Kinder oft das Ende der Liebe. Mann und Frau sind dafür geschaffen zusammen zu sein, ohne dass etwas zwischen ihnen ist. Wenn das Baby kommt, ist plötzlich eine dritte Partei da. Der Mann merkt, dass das Baby mehr Aufmerksamkeit bekommt als er, aber er liebt das Kind ja auch und meint, er müsse sich mit der Situation abfinden. Auch wenn das Paar versucht sich weiter auf dieselbe Weise wie vorher zu lieben, ist es einfach nicht mehr dasselbe.

Frau: Willst du damit sagen, dass mehr Liebe da gewesen wäre, wenn ich das Baby nicht bekommen hätte? Das kann ich nicht glauben. Ich habe das Gefühl, dass jetzt viel mehr Liebe in meinem Leben ist, weil das Kind in gewisser Weise meine Liebe ist – in der Form eines Baby-Körpers.

Ich höre, was du sagst. Aber zuerst einmal würde ich dir oder jeder Frau die folgende Frage stellen: Warum willst du ein Kind? Wenn du den Mann liebst, warum willst du sein Kind haben? Die Antwort darauf ist, soweit es mich betrifft, diese: Ein Kind zu wollen, heißt dem instinktiven Bedürfnis nach Fortpflanzung der Rasse nachzugeben. Das ist alles schön und gut und erfüllt seinen Zweck. Aber trotzdem sage ich, dass Kinder zwischen die Liebe von Mann und Frau kommen. Ich sage nicht, dass du kein Kind haben solltest. Ich sage nur, wie es ist. Kinder trennen uns als Mann und Frau, weil sie ein anderes Element in unsere gemeinsame Existenz bringen. Sie sind der Beginn von mehr Existenz, von mehr Trennung.

Deshalb ist es so lebenswichtig für Mann und Frau, ihre Liebe lebendig zu halten und sicherzustellen, dass ihre Einigkeit ungeteilt bleibt.

Du musst die Liebe zu deinem Partner vor das Kind stellen. Ihr beide seid zuerst dran.

TROTZ UND TRÄNEN

WENN KINDERN ERLAUBT WIRD, Aufmerksamkeit zu verlangen, dann entwickeln sie eine Anspruchshaltung gegenüber der Welt; die sie frustriert und unglücklich macht, weil weder das Leben noch die Liebe uns jemals geben, was wir verlangen. Ihr solltet den Kindern die Anspruchshaltung abgewöhnen; die Forderungen nach diesem und jenem, das Verlangen nach Aufmerksamkeit. Diesen Forderungen ständig nachzugeben, wird für euch selbst und für das Kind zu einer Belastung.

Selbstverständlich brauchen Kinder unsere Aufmerksamkeit, und wir sollten ihren Interessen gegenüber aufgeschlossen sein. Das ist unsere Liebe. Wir sollten uns bemühen, alles zur Verfügung zu stellen, was sie benötigen, ohne ihre Forderungen zu erfüllen. Sie müssen so erzogen werden, dass sie nichts verlangen, denn Liebe stellt keine Forderungen.

Eine der größten Schwierigkeiten ist es, Kindern seine Zeit zu widmen, besonders wenn sie älter werden und man von seinem eigenen Leben in Anspruch genommen ist. Eine Mutter kann mit dem neugeborenen Baby ihre ganze Zeit verbringen, aber nach und nach wird sie sich wieder zurückziehen, um andere Aufgaben im Haushalt zu übernehmen. Heutzutage ist es möglich, dass beide Eltern arbeiten gehen, und wenn sie nach Hause kommen, müssen sie noch Zeit füreinander und für die Kinder haben. Meistens fällt es euch nicht leicht, andere Verpflichtungen abzusagen, und auf diese Weise wird es immer schwieriger, Zeit mit den Kindern zu verbringen. Weil ihr ihnen nicht zur Verfügung steht, sie aber mit euch zusammen sein wollen, fangen sie an, eure Aufmerksamkeit zu fordern. Wie geht man damit um? Wie erklärt man ihnen, dass es nicht richtig ist Forderungen zu stellen?

- Hört euch die Forderung an, sobald sie gestellt wird.
- Findet heraus, was das Kind will.
- Gebt den Kindern eure volle Aufmerksamkeit bei jedem Gespräch.
- Informiert sie immer über die Situation.
- Wann immer sie unnötige Forderungen stellen, erklärt ihnen, dass dafür wirklich keine Notwendigkeit besteht.

„Du versuchst, Aufmerksamkeit zu bekommen. Was willst du? Ich kann dir nicht einfach nur so Aufmerksamkeit geben. Was genau willst du? Wenn du nur meine Aufmerksamkeit willst, dann muss ich dir etwas erklären. Du bist hier nicht wichtiger als jeder andere auch. Du musst deinen Platz in diesem Haus einnehmen. Aber wenn du etwas willst, sag es mir einfach, und ich werde tun, was ich kann, damit du es bekommst."

Solange es in der Situation nicht stört, kann dem Kind

meistens gegeben werden, was es will. Wenn es störend ist, dann fordert das Kind etwas Besonderes zu sein.

„Du versuchst jemand besonderes zu sein. Kannst du das sehen? Entweder ist jeder besonders oder keiner ist es. In diesem Haus ist niemand besonders, also kann keiner von uns besondere Aufmerksamkeit verlangen."

„Wenn du etwas willst, was du wirklich brauchst, dann bitte mich einfach darum. Wenn du es wirklich willst und ich es zur Verfügung stellen kann, dann werde ich es tun. Aber du solltest wissen, dass ich dir nicht immer geben kann, was du willst, weil es immer von der Situation abhängt. Nun sag mir, was willst du? Also gut, du möchtest spazieren gehen. In Ordnung, ich bin nicht so beschäftigt, dass ich nicht mit dir spazieren gehen kann. Dann lass uns spazieren gehen."

Oder: „Nein, wir können nicht spazieren gehen, weil ich viel zu tun habe." (Du musst den Grund erklären.) „Ich muss arbeiten, um das Geld zu verdienen, damit wir Strom für Licht und zu essen haben, damit wir alle in diesem Haus leben können. Deine Mama und ich erledigen unsere Arbeit, damit du heute Nacht ruhig in deinem Bett schlafen kannst. Im Augenblick kommt unsere Arbeit zuerst und erst an zweiter Stelle das, was du willst. Die Arbeit muss zuerst kommen, weil wir alle wollen, was unser Zuhause benötigt."

Eines der wichtigsten Dinge bei der Erziehung ist es, den Kindern klar zu machen, dass sie ihren Platz im Kontext der gesamten Situation einnehmen: „Du hast deinen Platz im Zusammenhang mit allem, was in diesem Haus geschieht. Dieses Haus ist die Situation, in der wir uns alle befinden. Es ist eine Gesamtsituation, die nicht nur für eine bestimmte Person gemacht ist. Jeder von uns, der hier lebt, darf seinen Beitrag dazu leisten. Aber niemand darf besondere Aufmerksamkeit für sich selbst verlangen. Wir alle haben gelegentlich Bedürfnisse, und wenn einer von uns etwas braucht, dann sagen wir es und erfüllen das Bedürfnis, so weit es möglich ist. Wir bemühen uns, es immer gleich zu sagen. Wir betrachten die ganze Situation, und wenn möglich, erfüllen wir das Bedürfnis. Und danach ist alles geklärt und wieder im Einklang mit dem Ganzen."

Die Anspruchshaltung des Kindes darf nicht zugelassen werden. Am besten ist es, von Anfang an damit zu beginnen. Man kann schon dem Baby beim Stillen Folgendes klar machen: Wir können in dieser Existenz keine Liebe verlangen. Während du an meiner Brust saugst, brauchst du nichts zu fordern. Dein Körper braucht die Nahrung. Du suchst danach, und sie ist da. Wenn sie nicht da ist, dann schreist du, weil du etwas willst, das du brauchst, nämlich Nahrung. Und meine Brust oder deine Nahrung ist für dich da. Es besteht ein Austausch zwischen den Bedürfnissen deines Körpers und dem, was gegeben wird. Und das ist Liebe."

Das Kind wächst heran, und es kommt der Moment, in dem du sagst: „Du kannst nicht verlangen, was du nicht brauchst. Zu verlangen was du nicht brauchst, ist deine Selbstsucht, und die wird dich nie zufrieden stellen. Also verlange in diesem Haus niemals, was du nicht brauchst. Wenn du ein Glas Wasser oder warme Kleidung brauchst, oder was immer es auch sei, dann können wir darauf eingehen. Ich bin immer für dich da und werde deine Bedürfnisse, soweit es geht, erfüllen, weil du meine Liebe hast. Es wird dir an nichts fehlen, aber du solltest dich daran erinnern, dass wir Forderungen in diesem Haus nicht zulassen."

Kinder werden keine unnötigen Forderungen stellen, wenn sie wissen, wo die Grenzen des annehmbaren Verhaltens sind: „Wenn du schmusen möchtest, dann komm und sag es. Aber was ich tun kann, hat seine Grenzen, und wenn ich sage, ich kann etwas nicht tun, dann musst du das akzeptieren."

Erinnert das Kind immer wieder an die Regeln: „Wenn du etwas willst, dann komm zu mir und bitte darum. Aber wenn deine Mutter und ich miteinander reden oder gerade etwas anderes geschieht, dann solltest du alleine spielen und ruhig sein. Oder du kannst dich zu uns setzen und ruhig sein. Wenn du kommst und uns bei dem, was wir gerade tun, unterbrechen musst, dann werden wir aufhören und dir zuhören. Aber dann musst du wissen, was du willst, damit du uns sagen kannst, worum es geht."

Nehmt euch die Zeit, euch mit dem Kind zusammen zu setzen und ihm das Leben zu erklären, damit ihr die Regeln des Zusammenlebens in den größeren Zusammenhang mit der Welt stellt: „Setz dich hin. Ich muss mit dir reden. Du stellst Forderungen. Du kannst überhaupt nichts fordern – weder von mir, noch von deiner Mutter oder vom Leben. Denn wenn du vom Leben Dinge verlangst, wirst du früher oder später jemanden treffen, der dir nicht gibt, was du willst. Dann bist du unglücklich. Oder jemand verlangt Dinge von dir, die du nicht hergeben möchtest, und dann gibt es einen Konflikt, und jeder Betroffene wird unglücklich sein. Wir möchten doch nicht unglücklich sein, oder? Deshalb bemühe ich mich, dir beizubringen, nichts zu verlangen.“

Mutter: Was ich mir wünsche, ist ein wenig Frieden und Ruhe. Ich muss ständig für mein Baby da sein. Es ist so fordernd, und ich bin sehr müde. Sie ist jetzt vierzehn Monate alt und schläft noch nicht durch, so dass ich nie ruhig schlafen kann. Es macht mich fertig. Ich werde wütend auf sie, wenn sie mich in der Nacht aufweckt und schreit.

Das nimmst du auf dich, wenn du ein Baby bekommst; und wir alle wissen, dass es nicht einfach ist. Ich weiß, was es bedeutet, mitten in der Nacht aufgeweckt zu werden. Ich habe es auch mitgemacht. Aber lass uns zunächst um das Wichtigste kümmern, nämlich um dich, die Mutter.

Du solltest die Gelegenheit nutzen, um immer mehr in deinen Körper zu fallen, in deine Stille oder in deine Liebe. Du kannst dies jederzeit während des Tages tun, aber besonders wenn das Baby dich aufgeweckt hat und du da liegst und versuchst, etwas Schlaf zu finden. Wenn es irgendwo in deinem Körper ein Gefühl von Ärger gibt, musst du mit deiner ganzen Aufmerksamkeit dorthin gehen und es mit deiner Intelligenz beruhigen. Du musst die Anspannung körperlich loslassen.

Gibt es irgendwo in dir ein Streben nach Vollkommenheit? Oder hast du den Wunsch nach Veränderung der Situation? So etwas bringt dich aus deinem Körper hinaus, weg von deinem Sein im Jetzt. Sobald du nicht mehr in deinem Körper bist, beginnst du dich unwohl zu fühlen, ärgerlich oder du fühlst dich sogar wie ein Versager. Solange du dich bemühst in deinen Körper zurück zu gelangen, wirst du weiter gereizt bleiben. Du kannst nicht versuchen, in deinen Körper zurück zu kommen, oder auch nicht versuchen, das Richtige zu tun – es ist das Versuchen, das etwas versucht. Also musst du einfach aufgeben und dich in den Körper sinken lassen. Jede Beunruhigung in der Mutter beeinflusst ihr Kind. Deshalb liegt es zuerst an dir, dich zu beruhigen und jede Gereiztheit in dir zu besänftigen. Aber auch irgendwelche Assoziationen, die das Baby mit anderen Leuten oder anderen Kindern hat, können seine Unruhe unbewusst hervorrufen. Gibt es irgendwelche Anzeichen dafür, dass etwas mit dem Schlaf- und Wachrhythmus des Babys nicht stimmt? Manchmal dauern diese kurzen Schlafphasen durchaus eine Weile an. Wacht sie nur auf, weil sie hungrig ist? Oder ist sie launisch und schreit zuviel?

Mutter: Sie ist mein erstes Kind, deshalb kann ich nicht mit Bestimmtheit sagen, ob es richtig ist. Sie schreit viel. Aber so ist es von Anfang an gewesen.

Etwas veranlasst sie, so häufig aufzuwachen. Vielleicht ist es möglich, die Ursache ihrer Unruhe zu herauszufinden, obgleich es selbstverständlich unbekannte Faktoren gibt, die ein Kleinkind aufwachen lassen.

Vater: Dieses Problem ist verwirrend für uns und vermutlich für jeden, der sich in solcher Situation befindet. Instinktiv haben wir das Gefühl, sie nicht einfach schreien zu lassen, sondern zu ihr zu gehen und sie zu trösten. Dann fragen wir uns, ob wir nicht gerade dadurch ihr Verhaltensmuster verstärken. Selbstverständlich ist es schwer für uns, ständig aufstehen zu müssen und nach ihr zu sehen. Andere wiederum sagen, dass man sie sich einfach in den Schlaf schreien lassen soll.

Es gibt Zeiten, in denen man das Kind schreien lassen sollte. Aber meistens sollte man ein Kind nicht schreien lassen. Die erste Frage lautet: Warum ist das Kind unruhig? Ich behaupte nicht, dass man dies immer herausfinden kann. Aber es muss die erste Frage sein. Ist sie hungrig? Fühlt sie sich unwohl? Ist sie krank? Was ist es? Schaut zuerst nach dem Offensichtlichen. Dann prüft einmal in eurem Leben nach (eurem ganzen gemeinsamen Leben), ob es etwas gibt, von dem ihr wisst, dass es das Kind stören könnte. Beobachtet sie während des Tages um zu sehen, ob sie unruhig wird; und wenn ja, woran es liegt. Hat es etwas mit der Unruhe in der Nacht zu tun?

Wie du sagst, kannst du ein Gewohnheitsmuster entwickeln, indem du dich um ein schreiendes Baby ständig kümmerst. Dennoch hast du instinktiv das Gefühl, es nicht schreien zu lassen. Ich schlage vor, wenn das Baby schreit, gehst du zu ihr hin, sprichst mit ihr und schaust, ob du sie beruhigen kannst.

„Alles ist in Ordnung. Du brauchst nicht weinen. Mama und Papa sind bei dir. Du wirst nicht mehr schreien. Sei jetzt still und beruhige dich."

Sprecht mit ihrem Unterbewusstsein. Sagt ihr, dass alles ganz einfach und friedlich ist, und sagt ihr, dass sie nicht allein ist. Sagt ihr, dass alles gut ist und ihr bei ihr seid.

„Alles ist in Ordnung. Auch wenn du schläfst, sind wir bei dir. Wir sind immer bei dir. Wir sind tief in deinem Innern, wo du uns liebst und wo wir dich lieben. Und dort, im Schlaf, treffen wir uns, und wir sind alle zusammen. Also schlaf jetzt, Kleines. Sei ruhig. Alles ist in Ordnung. Wir sind ganz nah. Schlaf nur ein."

Wenn ihr auf diese Weise zum Unterbewusstsein des Babys sprecht, vermittelt ihr dem Kind Frieden und Stille und außerdem, dass es keine Tugend ist sich aufzuregen. Eure Worte werden ein Gegenmittel gegen die Andeutungen sein, die ihr bald die ganze Welt einreden wird: „Alle sind besorgt und unglücklich. Du hast jedes Recht zu schreien und launisch zu sein." Aber du kannst ihr keinen Frieden vermitteln, wenn du selbst aufgeregt bist. Wenn ihr gereizt seid, weil das Baby euch aufgeweckt hat, sollte mindestens einer von euch, Mutter oder Vater, das gereizte Gefühl aufgeben, bevor ihr zu ihr geht. Es ist in der Nacht unter diesen Umständen nicht einfach, aber ihr müsst es tun. Lasst euch in euren Körper sinken und lasst los, und macht euch dabei bewusst, was ihr tut und warum ihr es tut.

Derjenige von euch, der sich eher beruhigt hat als der andere, sollte dann zu dem Baby gehen und zu ihm sprechen. Ihr solltet darauf vorbereitet sein, dies einige Nächte hintereinander oder möglicherweise Wochen lang zu tun. Sprecht liebevoll mit ihr und seid euch bewusst darüber, dass ihr zum Unterbewusstsein sprecht, einem ausgesprochen kraftvollen Ort, dem ihr sagt, dass Verbundenheit und Liebe da ist. Wenn sie aufhört zu weinen, sagt ihr: „So ist es gut. Nun schlaf wieder ein oder sei still, ich komme später oder morgen früh wieder um bei dir zu sein."

Es gibt Zeiten, wo es richtig ist, mit dem Baby zusammen zu sein, und solche, in denen man es einfach alleine schreien lassen sollte. Ihr werdet wissen, wann was zu tun ist. Ihr werdet ein Gleichgewicht zwischen beidem finden. Ihr müsst euch danach richten, was ihr in euch selbst zu gegebener Zeit als richtig erkennt. Darum geht es doch in diesem Leben, oder? Nichts ist sicher. Alles was wir tun können, ist offen zu bleiben für das Richtige in diesem Moment, und dann unser Bestes zu tun.

Ihr müsst euch für die Zeiten stählen, in denen ihr sie schreien lassen solltet. Auch dann müsst ihr hingehen und mit ihrem Unterbewusstsein sprechen: „Hör mir zu, du bist nicht allein. Ich kann dich schreien hören, aber ich kann jetzt nicht zu dir kommen. Ich gehe jetzt ins andere Zimmer und komme später zurück, wenn es richtig ist."

Wenn sie immer noch nicht aufhört, komm nach etwas fünfzehn Minuten zurück und wiederhole noch einmal: „Du brauchst nicht mehr zu schreien. Alles ist in Ordnung. Du wirst geliebt."

Manchmal musst du mit ihr sehr bestimmt sein: „Ich kann nicht wieder zu dir kommen, solange du schreist. Sobald du aufhörst zu schreien, komme ich herein und schaue, dass mit dir alles in Ordnung ist, und decke dich wieder zu. Aber im Augenblick ist es am besten, wenn du einfach nur da liegst. Wenn du so schreist wie jetzt, dann kann ich nicht zu dir kommen, weil es keinen Grund gibt so zu schreien. Alles ist in Ordnung." Dann gehst du hinaus. Aber du musst deine Unruhe und Angst überwinden, während du sie vom anderen Raum aus hörst.

Mutter: „Das ist so schwierig für mich, denn ich bin häufig sehr besorgt um sie, selbst wenn sie nicht schreit. Ich frage mich immer, ob alles mit ihr in Ordnung ist, ob es irgendein Problem gibt...

Das Kind nimmt die Besorgnis der Mutter zusammen mit ihrer Liebe wahr. Sei still. Gib noch ein bisschen mehr auf. Und bitte deinen Partner, dir zu helfen: „Immer wenn du siehst, dass ich mir zu viele Sorgen um das Baby mache, sag es mir bitte, und ich werde mich bemühen Abstand von meiner Besorgnis zu bekommen und sie aufzugeben."

Mutter: Ich habe auch eine Frage zum Schreien, aber im Falle meines Jungen ist es weniger in der Nacht als am Tag, und auch nicht so sehr Schreien, sondern eher ein ständiges Jammern! Ich empfinde es wirklich als Angriff auf den Frieden meines Hauses. Ich gebe zu, dass ich möglicherweise etwas überempfindlich bin,

weil ich das Baby erst mit 33 bekam. Der Junge ist jetzt zweieinhalb Jahre alt, und bis zu seiner Geburt war ich meistens in der Lage mein Leben so einzurichten, wie ich es wollte. Bevor das Baby kam, dachte ich, dass mein Partner und ich mehr oder weniger unser Leben im Griff hatten – sozusagen. Wir sind miteinander liebevoll und hilfsbereit, und ich dachte, dass bei soviel Liebe, Zentrieren, Entspannung und authentischer körperlicher Liebe, aus welchem unser Baby entsprang, wir ein total glückliches, zufriedenes Kind haben würden.
Eigentlich macht es Freude, mit ihm zusammen zu sein – normalerweise. Aber es gibt Zeiten, in denen er den ganzen Tag lang aufsässig ist und gleichsam völlig besessen zu sein scheint; und dann kann ich ihn nicht dazu bewegen mit dem Jammern aufzuhören. Er ist untröstlich. Es ist sehr beunruhigend für mich, ihn „sich ausheulen" zu lassen. Er tut mir weh zu sehen, wie er leidet. Außer aus offensichtlichen Gründen scheint sein Heulen keine erkennbare Ursache zu haben. Es ist nicht so, dass er ungeliebt wäre. Wir können nicht verstehen, warum er so unglücklich ist, und wissen einfach nicht, was wir damit tun sollen.

Ich schlage vor, dass du dich neben ihn kniest, wenn er schreit, wobei du dich innerlich so weit es geht von der beunruhigenden Tatsache, dass er heult, distanzierst und dann auf folgende Weise mit ihm sprichst: „Sei ganz still und ruhig. Ich liebe dich. Du wirst geliebt. Es gibt keinen Grund dich aufzuregen oder so zu heulen. Mama ist bei dir. Ich werde dich nicht auf den Arm nehmen oder versuchen dich mit Dingen zu trösten, die du nicht brauchst. Du musst warten. Ich werde zu dir kommen und mit dir schmusen und dir dein Abendessen geben, wenn die richtige Zeit dafür da ist. Jetzt beruhige dich, und du sollst wissen, dass du in einem Haus der Liebe bist und es immer ein Haus der Liebe bleibt, auch wenn du unglücklich bist. Ich liebe dich und ich bin bei dir, auch wenn ich im Zimmer nebenan bin."

Sei dir bewusst, dass eine energetische oder psychische Übertragung zwischen dir und deinem Kind besteht und du mit ihm so direkt sprechen kannst, wie du mit deinem Partner sprechen würdest. Wenn er in guter Stimmung ist, setz dich zu ihm und erkläre ihm, dass er nicht zu heulen braucht. Gib ihm zu verstehen, dass du dich immer um sein körperliches Wohlbefinden kümmern wirst, du aber nicht zu ihm kommst, nur weil er ohne erkennbaren Grund heult. Wenn er älter wird und sich mit dir verbal verständigen kann, dann muss er dir erklären, warum er weint, und was sein Problem ist. Keinem Kind sollte erlaubt werden, zu heulen ohne zu wissen, warum, und doch ist es so, dass jedem Kind zugestanden wird emotional zu sein; und ihm dann später als Erwachsener zugestanden wird schlechter Laune und unglücklich zu sein, ohne Verantwortung für die unmittelbare Ursache zu übernehmen.

Vater: Wenn ein Kleinkind schreit, fordert es meistens Liebe und Aufmerksamkeit. Ich kann das verstehen, aber es fällt mir dennoch schwer, mich mit unserem Jungen zu beschäftigen, wenn er immer weiter jammert. Wenn ich mich auf eine Konfrontation mit ihm einlasse, macht es die Sache nur noch schwieriger. Also versuche ich, ihn irgendwie abzulenken, was für eine Weile wirkt…

Aber nur für eine Weile. Das Geheimnis ist festzustellen, dass Kleinkinder hauptsächlich deshalb emotional werden, weil sie das Bedürfnis haben etwas zu fordern. Jede Forderung drückt sich sehr schnell als Emotion aus. Mit der Emotion kannst du dich nicht auseinandersetzen; in der Situation kannst du nicht gewinnen. Was du tun solltest ist, dich mit der Forderung auseinanderzusetzen. „Hör auf zu schreien. Das ist nicht nötig. Wenn du etwas willst, brauchst du nicht zu heulen, um es zu bekommen. Du solltest darum bitten. Ich gebe dir gerne etwas, wenn ich es kann."

Das Kind fängt an zu schreien – ich spreche jetzt von Kleinkindern, die schon mit einem sprechen können.

Als Vater würde ich zu ihm gehen und sagen: „Wozu schreist du? Warum verhältst du dich so? Warum weinst du?"

„Weiß ich nicht! ... Huuuh! Buuuh! ... Weiß ich nicht!"

„Dann bist du völlig unverantwortlich. Du musst wissen, warum du weinst. Du musst scharfsinniger, gescheiter sein. Komm, erzähl mir, warum du heulst. Oder sonst hör auf damit. Eines von beidem – was willst du?"

So kannst du dem Kind beibringen, von Anfang an Verantwortung zu übernehmen: „Du bist verantwortlich. Wenn du weinst, bist du verantwortlich dafür, worüber du weinst. Erkläre mir, worum es geht, und ich werde versuchen, es zu regeln. Dafür bin ich doch hier. Aber wenn du mir nicht sagen kannst, worum es geht, dann höre auf zu weinen."

Selbst wenn Kinder noch sehr klein sind, musst du ihnen auf diese Weise die Wahrheit sagen. Du unterweist die

Kinder in der Wahrheit, indem du sie über das Leben informierst und ehrlich mit ihnen sprichst. Später, wenn das Kind alt genug ist, kannst du ihm wahre Verantwortung einprägen: „Schau her, mein Sohn, dies ist mein Leben, und dein Leben gehört dir. Du musst für dein Leben verantwortlich sein, so wie ich für meines verantwortlich bin. Übernimm Verantwortung für das, was du willst. Du solltest wissen, was du willst, und unternehme etwas, um es zu bekommen, und wenn es dir nicht gelingt oder du dabei in Schwierigkeiten gerätst, dann fang nicht an dich zu beschweren."

Ich behaupte, niemand heult ohne Grund. Ist das die Wahrheit?

Scheinbar ist diese Wahrheit niemandem auf der Welt bekannt, und so dürfen Kindern meistens ungehindert heulen und brüllen. Man sieht sie in ihren Kinderwagen sitzen, wenn die Mütter einkaufen: „Bääääääh!" Kleinkinder marschieren quietschvergnügt herum, und plötzlich fangen sie ohne jeden Grund an zu schreien. Die Eltern sagen ihnen, sie sollen still sein, nehmen sie auf den Arm und tragen sie herum, setzen sie wieder ab und: „Bääääääh!" Dieses Theater bedeutet, dass sich bei solchen Kindern das Unglücklichsein einschleicht, wie es sich bei jedermann in dieser Existenz einschleicht, um ihn zu besitzen. Es muss sich mit genügend Kraft ausdrücken, um die Erfahrung der eigenen Existenz zu bekommen. Die Kinder schreien automatisch, damit das Unglücklichsein Feedback bekommen kann. Wenn es auf diese Weise Besitz vom Gehirn eines Kindes genommen hat, kann es jederzeit den Körper benutzen. Das Kind schreit dann aus keinem offensichtlichen

Grund, und die Eltern akzeptieren es in ihrer Unwissenheit.

Einem Kind, das mit Wahrheit und in Gerechtigkeit erzogen wird, kann man erklären: „Wenn du heulst, musst du mir immer erklären, warum, weil ich alles tun werde, um dir zu helfen, egal, was das Problem ist." Mit deiner Anweisung wird das Kind dann darauf aufmerksam und sucht nach dem Grund.

Wenn es mit Schreien aufgehört und nach dem Grund gesucht hat, könnte es sagen: „Es gibt keinen Grund. Ich fühle es einfach in mir." Und dann ist es einfach zu erklären: „Na gut, dann muss es wohl daran liegen, dass das Unglück versucht hat in dich hinein zu kommen. Toll, dass du so ehrlich zu mir bist. Lass es uns jetzt einfach loswerden. Komm her, ich möchte dich in den Arm nehmen..."

Mutter: „Gibt es manche Kinder, die eher zu diesem Verhalten neigen als andere? Es ist so schwer zu verstehen, warum unser Junge diese Jammerattacken bekommt, wo wir ihn doch so sehr lieben...

Man muss sich bewusst machen, dass jeder Körper mit gewissen Veranlagungen geboren wird. Jeder Mensch ist einzigartig. Dein Sohn ist auf die Welt gekommen, um durch seine Veranlagungen zu leben, genauso wie du es tust. Sein Jammern ist ein Teil von dem, was er auf diese Welt mitgebracht hat. Und wie du aus eigener Erfahrung weißt, ist diese Welt ein sehr feindlicher und unglücklicher Ort. Unsere ganze Gesellschaft wächst mit Negativität auf und ernährt sich von geteiltem Unglücklichsein. Der gesamte Globus orientiert sich an Habgier, Grausamkeit und Sex. Der wissenschaftliche Materialismus sickert überall hindurch. Du kannst zwar deine Eingangstür verschließen und ein ruhiges und harmonisches Zuhause schaffen, so weit es dir möglich ist, doch die korrupten Einflüsse fließen überall ein, auf den Straßen und unter deiner Tür hindurch in dein Haus.

Es gibt eine psychische Realität innerhalb unseres Körpers, und es ist diese Realität, die unser Leben steuert. Jedes Kind wird bei seiner Geburt der Negativität der Welt psychisch ausgesetzt und mit unserem Unwissen von Liebe infiziert. Solange ich Zorn, Eifersucht, Schuld, Furcht, Groll oder irgendeine negative Emotion in mir habe, wird mein Kind auf die eine oder andere Weise vom Unglück besessen sein. Sogar schon im Mutterleib wird die Intelligenz durch mangelnde Liebe und von der Welt, in der wir leben, geprägt.

Da wir alle in der Vergangenheit leben, ist es eine Welt von Vergangenem. Es ist die Vergangenheit, worüber jeder spricht; selbst Gespräche über die Zukunft sind eine Fortsetzung der Vergangenheit. Wer spricht schon über die Gegenwart? So wird jedes neugeborene Kind schon bald in der Vergangenheit, in der Unwissenheit begraben, und die Eltern sprechen nur über die Vergangenheit oder von der Zukunft und sehr selten darüber, was das Leben im Moment ausmacht. Obwohl das Baby noch nicht die Sprache der von uns gesprochenen Worte erlernt hat, ist es ein offenes Bewusstsein, bereit jeden psychischem Einfluss aufzunehmen, dem es ausgesetzt wird – Unwissenheit und die Vergangenheit, oder Liebe und die Gegenwart.

Man muss sich bewusst sein, dass alle Kinder etwas von unserer Vergangenheit, etwas von unserer Unwissenheit tragen müssen, ebenso wie wir etwas von der Unwissenheit unserer Vorfahren tragen mussten und indem wir sie lebten, bemühten wir uns, Licht hinein zu bringen. Jeder hat die Gelegenheit, das menschliche Bewusstsein ein wenig mehr zu erleuchten, denn darum geht es in jedem Leben; die Erleuchtung des schrecklichen Zustands der Männer und Frauen auf dieser Erde. Da jeder von uns seinen Anteil an dieser Last zu tragen hat, werden wir ab und zu depressiv. Wir neigen dazu, uns noch tiefer in die Unwissenheit hinein ziehen zu lassen, und auf diese Weise werden wir noch depressiver. Aber andererseits gibt es schöne Tage voller Staunen oder Liebe oder an denen alles richtig und das Leben gut ist – jedenfalls für eine Weile. Das Gute und das nicht so Gute – das ist Leben.

Die Last unserer Vorfahren auf uns zu nehmen bedeutet Verantwortung zu übernehmen für das, was wir diesem Planeten zugefügt haben, was wir unserer Liebe angetan haben; für alles, was die Männer den Frauen oder die Frauen den Männern angetan haben, und für all die Grausamkeiten, die wir einander zugefügt haben. So sind wir verantwortliche Eltern der menschlichen Familie. Aber dennoch können wir, indem wir unsere Kinder darauf vorbereiten, was auf sie zukommt, nur unser Bestes tun.

Die Stimme, die Liebe in sich trägt, wirkt den Wellen der Unwissenheit entgegen, die durch das Haus treiben. Doch ungeachtet der Liebe unserer Eltern und ihrer guten Ratschläge müssen wir alle weitergehen und unser eigenes

Leben leben. Alles was ihr als Eltern tun könnt, ist euer Kind zu lieben – auch mit seiner Last – und ihn auf das Leben vorzubereiten, auf gerechte und bewusste Weise, damit er die Verantwortung für sein Unglücklichsein übernehmen kann, wenn die Zeit dafür kommt.

Mutter: Ich glaube, es ist sehr frustrierend für Kinder, wenn sie noch nicht alt genug sind, alles mitzuteilen, was sie sagen wollen. Meine Tochter ist jetzt zweieinhalb Jahre, und in den letzten sechs Monaten hatte sie eine Phase von Wutausbrüchen. Es fällt mir ziemlich schwer damit umzugehen. Sie schreit und wird rot im Gesicht und ist total verwirrt darüber, was sie eigentlich will. Was immer ich für sie tue, sie will das Gegenteil davon. Das Einzige, was ich offenbar tun kann, ist sie allein zu lassen, bis ihr rasender Zorn von selbst abgekühlt ist. Ich habe das Gefühl, dass es von der Frustration herrührt, nicht alt genug zu sein, um zu sagen, was sie will. Aber mir ist aufgefallen, dass es ihr auf jeden Fall noch schlechter geht, wenn ich selbst emotional bin, besonders wenn ich mich über meinen Mann aufrege.

Ja. Ich verstehe. Man kann prinzipiell sagen, dass alle Kinder diese Trotzphase von Frustration und Wut durchmachen; sie kämpfen und schreien oder schlagen auf den Fußboden. Es ist ein Teil der Frustration, die aus der Tatsache resultiert geboren worden zu sein. Aber dann gibt es, wie du sagst, andere Einflüsse.

Wenn du und dein Mann Streit habt oder im Konflikt seid, überträgt es sich auf das Kind. So ist das eben. Dagegen kannst du nichts machen. Das Kind ist wie ein saugfähiges

Taschentuch. Es absorbiert die Gefühle von dir und von deinem Partner.

Alle Kinder absorbieren die psychischen Schwingungen der Menschen in ihrer Umgebung, und das verborgene Element dabei, von dem man normalerweise nichts ahnt, ist die sexuelle Frustration, besonders die des männlichen Partners. Alle Männer sind in der Regel sexuell frustriert. Die psychische Energie der Frustration des Vaters überträgt sich auf seine Kinder, Jungen und Mädchen gleichermaßen; und besonders Töchter sind ihr ausgeliefert, weil sie dem anderen Geschlecht angehören.

Alles, was ihr tun könnt, ist dass du und dein Mann versucht, euch beide von dieser Emotion so weit wie möglich zu befreien. Aber wir können nicht Ideale leben; wir müssen auf dem Boden der Tatsachen stehen. Euer Kind muss diese Phase durchmachen und die Emotion absorbieren. Sie wird es überstehen. Es ist ein wenig wie eine Infektion. Wenn sie einmal anfängt, kannst du alle Medikamente ausprobieren, aber die Infektion muss einfach durch dich hindurch wirken, und es gibt nicht viel, was du dagegen unternehmen kannst.

Wenn deine Tochter älter wird, wird sie die Frustration, die sie spürt, ausdrücken können, indem sie mit dir darüber spricht. Dann kannst du ihr helfen, damit bewusster umzugehen. Du wirst in der Lage sein ihr den Unterschied zu zeigen zwischen der Liebe oder dem Guten in ihr und der Frustration, die sie überkommt: „Kannst du die Liebe in dir spüren? Kannst du die Wärme spüren? Das gefällt deinem Körper, nicht wahr? Und Aufregung oder Frustration gefällt ihm überhaupt nicht, oder? Wenn du also merkst, dass dieses zornige oder frustrierte Gefühl zu dir kommt, dann ruf deine Mama, und wir können es loswerden, indem wir zusammen sind und darüber reden."

Die Ursache der Frustration sitzt tief in ihr, ein Schmerz, den auch du und ich von Kindheit an hatten. Wenn sie dann einmal alt genug ist und genug gelitten hat und die Wahrheit oder Gott oder das Leben in sich finden möchte, dann muss sie zurückgehen durch die Frustrationen ihres ganzen Lebens, um sich von dem Schmerz energetisch zu reinigen. Das ist der spirituelle Weg. Sie wird auch die Liebe eines Mannes brauchen, der sie liebt. Seine Liebe wird ihr helfen, den Schmerz zu überwinden; dafür gibt es die Liebe des Mannes. Es ist ein langer unvermeidbarer Prozess für alle, die Gott oder das Leben genug lieben. Aber letztendlich ist das Leben gerecht.

Mutter: Und wenn wir ihr nicht erlauben, Forderungen zu stellen, und wenn wir ihnen nicht nachgeben, hilft es zu verhindern, dass sie später noch unglücklicher wird?

Ja, es hält ihr zukünftiges Leid in Grenzen. Die Welt wird ihre Forderungen nicht zulassen, nicht wahr? Gehe hinaus in die Welt und stelle Forderungen, und schon bald trampelt man auf dir herum. Forderungen und Erwartungen machen jeden unglücklich.

Wir müssen die Kinder darin unterweisen, keine Erwartungen zu haben: „Hör mir zu, mein Sohn, meine Tochter. Du kannst mich um etwas bitten, aber du solltest niemals erwarten, es zu bekommen. Warum? Weil ich es dir vielleicht nicht geben kann. Dann bist du unglücklich, und es wäre besser gewesen, wenn du es nicht erwartet hättest. Denke niemals, dass ich dir etwas geben sollte. Im Leben gibt es kein ‚Sollen'. Wenn wir anfangen zu denken, dass etwas so und nicht anders sein sollte, dann wird uns bald gezeigt, dass das Leben so nicht funktioniert. Wenn du aber in einer harmonischen und liebevollen Weise zu unserem Zusammenleben beiträgst, dann ist es möglich, dass alles, was du brauchst, zur Verfügung stehen wird."

Warum sollen Eltern nicht alles, was ein Kind braucht, zur Verfügung stellen? Sie sind ja wie Götter, nicht wahr?

„Mein Sohn, meine Tochter, ich freue mich, wenn du dein Leben genießt. Ich werde dich niemals im Stich lassen oder aufgeben, und alles, was ich habe, ist dein – aber nur das, was ich habe. Wenn du Forderungen an mich stellst, dann machst du mich selbstsüchtig und emotional. Ich werde dir nicht meine Emotionen geben, welche mein Selbst sind, weil ich dir nur geben kann, was ich für richtig halte. Du kannst unendlich viel von meiner Liebe und meinem Rat bekommen."

Ist es nicht so? Ihr freut euch, wenn eure Kinder ihr Leben genießen, nicht wahr? Also gebt ihr ihnen alles, was richtig ist und was zu geben in eurer Macht steht. Und darüber freut sich auch der himmlische Vater, dass wir unser Leben genießen. Und dann wird uns alles gegeben.

SCHWEINCHEN RAUS!

IN DER ERSTEN ZEIT nachdem ich die Wahrheit erkannt hatte, schrieb ich gerne Gedichte, die mir spontan in den Sinn kamen und beschrieben, was ich über mich selbst sah. Es wurde eine ziemlich lange Ballade daraus, wie ihr euch vorstellen könnt. Ein Teil davon ist eine Schlacht zwischen dem Leben und einem bösen Feind, dem Teil des Selbst, der immer gegen das Gute im Leben ist.

Kein gewöhnlicher Feind ist er,
er kommt sogar verkleidet als ich …
Aha, das harmlos lächelnde innere Tier,
rücksichtsvoll, lächelnd, sanft und nett.
Herr in meinem Haus, die Selbstgefälligkeit.
Verschütte aber nur einen Tropfen aus seiner verbogenen Tasse
und siehe da, ein heilloses Durcheinander bricht aus!
Der Pazifist – er beginnt den Krieg.
Wozu? Es gibt doch keinen Krieg.
„Doch, es gibt ihn, mein Freund, siehst du nicht?
Jeder Krieg beginnt in mir.
Ich bin dein Hüter der Zwietracht …“

Ich habe dieser Kreatur den Namen „Der Zwerg“ gegeben, weil ich in der Schlacht um die Transzendenz durch mein Selbst zurückgegangen war und es zu einem winzig kleinen, verzweifelten Kern reduziert hatte:

Sieh dich an, einst warst du feist und glatt,
jetzt bist du krank, verhungert, beschämt und schwach.
„Nein, Leben, nein, so ist es nicht,
Es war hart, aber gehen ich werde nicht,
Ich bin zwar dünner,
denn ich zwängte mich durch die Tür,
doch hinein komm ich immer!“

Leiden versucht immer hineinzukommen. Es ist so hartnäckig und so tief in uns verkörpert, dass es eine andauernde Schlacht ist, es draußen zu halten.

Wir haben im letzten Kapitel gesehen, wie ein Kern von Leiden selbst bei ganz kleinen Kindern existiert. Das Selbst beginnt sich um diesen Kern herum zu bilden und wächst schnell heran, bewohnt den unschuldigen Körper und nimmt ihn allmählich in Besitz. Von Zeit zu Zeit scheint es ganz und gar die Macht zu übernehmen, indem es mit einer schmollenden Stimmung oder wildem Gebrüll die ganze natürliche Süße des Kindes ausradiert. Alle Eltern kennen die Hässlichkeit eines derart besessenen Kindes. Wir schauen uns nun genauer an, was man tun kann, um mit diesem unglücklichen Selbst zurecht zu kommen und – um es mit den Worten einer ganz bestimmten Familie zu sagen – das „Schweinchen draußen zu lassen“.

Niemand möchte wirklich, dass sein Kind unglücklich ist. Zieht eure Kinder mit Wahrheit auf, mit Liebe und mit Ehrlichkeit, indem ihr sie über das Leben informiert, so dass sie sich selbst verantwortlich fühlen, wenn sie unglücklich sind, und sich davon befreien können, ohne dabei zu viele Schmerzen zu erleiden. Dann hat ihr Leben einen Sinn.

So viele Menschen sind mit ihrem Leben zu Tode gelangweilt, weil sie keinen Sinn darin sehen. Sie haben vielleicht viele Ziele, aber Sinn hat kein Ziel. Ehrgeiz hat Ziele. Zukunftspläne und Projekte haben Ziele. Der Sinn wird nur im Jetzt erkannt. Meine ganze Lehre hat einen Sinn, und zwar sich jetzt vom Unglücklichsein zu befreien. Und eine wirkliche Familie hat denselben Sinn, und zwar ihr Zuhause, so weit es möglich ist, in jedem Moment von Unglück zu befreien.

„Du sollst wissen, mein Sohn, meine Tochter, dass wir vor allem anderen nicht wollen, dass jemand in diesem Haus unglücklich ist. Wir wollen kein Unglück an den Wänden kleben haben. Die Wände unseres Hauses sind in die Psyche eingebaut. Existenziell sind sie aus dicken Steinen gebaut, sind genau so solide wie unser Körper; aber hinter dem Körper und hinter den Steinen ist die Psyche, wo du Liebe fühlst oder Hunger verspürst oder traurig bist. Jede Empfindung ist in der Psyche. Unser Körper ist nicht nur physisch, sondern in ihm ist auch psychische Energie. Und die Wände des Hauses fangen diese Energie auf oder reflektieren sie. Genau so wie ein Echo, das zu dir zurückkommt, wenn du eine Felswand anschreist, spürst du auch ein psychisches Echo. In einem unglücklichen Haus kommen die Traurigkeit, Schmerzensschreie und Verletzungen zu dir zurück. Wir wollen das in unserem Zuhause nicht haben; wir möchten es sauber halten."

Das ist gute Haushaltsführung für eine richtige Familie.

„Aber es kann sein, Kinder, dass ihr dies anderen nicht erzählen könnt. Die anderen Leute in der Welt wollen das vielleicht gar nicht hören. Trotzdem werdet ihr wissen, dass es wahr ist, weil eure Mutter und ich beide die Wahrheit leben, wie wir sie sehen und so gut wir können. Und wir bemühen uns, das Unglück von uns selbst fern zu halten, von diesem Haus und von dieser Familie."

Es ist ganz wichtig, dass ihr als Eltern den Kindern offen und ehrlich zeigt, wonach ihr in eurem Leben strebt. Ehrlichkeit ist der Weg.

„Wenn ich wütend oder unglücklich bin, und du kommst zu mir und sagst: ‚Papa, bist du über irgendetwas wütend?' dann muss ich ehrlich sein. Wenn ich wütend bin, muss ich dafür Verantwortung übernehmen und es wieder loslassen. Du kannst sagen: ‚Was macht dich denn so wütend, Papa?' Und ich werde einsehen müssen, dass meine Wut nicht richtig ist, ganz egal, was mich wütend gemacht hat, weil sie die Familie vergiftet. Deshalb werde ich mich bemühen, sie aufzugeben. Oder ich werde etwas tun um die Situation, die mich so wütend gemacht hat, in Ordnung zu bringen. Denn was mit mir passiert, passiert auch mit dir, weil wir eine wirkliche Familie sind und alle zusammen darin sind. Okay?"

Wenn du so etwas verkündest, wirst du wahrscheinlich auf Widerstände stoßen, weil irgendeine Tante oder ein Onkel oder ein freundlicher Nachbar sagen wird, dass du unrealistisch bist: „Alle Kinder haben mal schlechte Laune. Das gehört bei ihnen dazu. Du kannst sie nicht wie Erwachsene behandeln. Sie sind viel zu jung um das zu verstehen …“ usw. Dann müsst ihr natürlich eurer eigenen Absicht treu bleiben.

Mutter: Es sind nicht nur die anderen Leute, die es einem schwer machen. Meistens bin ich es selber, mein Selbst, das es liebt ungeschoren davon zu kommen und auch die Kinder davonkommen lässt. Es ist einfach so schwer, damit aufzuhören. Aber ich weiß auch: Wenn ich emotional bin, ist mein Bewusstsein da, hinter allem, und es wartet darauf, dass ich damit aufhöre unehrlich zu sein. Ich bin verwirrt darüber, ob ein Kind ebenso eine Dualität hat, ob sich bei jemandem, der noch so klein ist, das Bewusstsein vom Selbst trennen kann. Müssen Eltern die Verantwortung dafür übernehmen, für ein emotionales Kind als Bewusstsein aufzutreten, genauso wie du als Guru außerhalb vom meinem eigenen Körper aufgetaucht bist?

Wir haben zwei Jungen. Der ältere ist zwei Jahre alt ist seit einiger Zeit schlechter Stimmung, zurückgezogen und gereizt; er hat seine Freude am Leben verloren. Alle Leute in unserer Umgebung sind gleichermaßen besorgt und versuchen, ihn da heraus zu bringen; sie versuchen ihn abzulenken oder ihn für irgendetwas zu begeistern. Wenn seine schlechte Stimmung kommt, konfrontieren wir ihn mit seinem Unglücklichsein: „Du benimmst dich jämmerlich. Das Unglück bist nicht du, sondern das Unglück versucht, durch dich nach oben zu kommen und den Eingang zu finden, damit es sich unter uns allen ausbreiten kann. Kannst du es aufgeben?“ Aber er ist sehr unwillig zu kooperieren.

Wir fragen uns, ob wir etwas Unmögliches von ihm verlangen? Hat ein Kind wirklich selber die Kraft, sich gegen diese Invasion zu wehren? Wir werden allmählich müde ihn immer wieder damit zu konfrontieren. Wir haben das Gefühl, er entwickelt eine immer größere Abneigung gegen uns, weil wir ihn ständig herausfordern. Wie können wir hinter diese Schicht kommen, damit wir uns wieder mehr zusammengehörig fühlen?

Wichtig ist, dass ihr ihm sagt, dass ihr ihn liebt, bevor ihr versucht, ihm Anweisungen zu geben. Wenn er mit sich selbst kämpft, darf er sich nicht ungeliebt oder im Stich gelassen fühlen. Sein Bewusstsein ist da – hinter der Emotion – genauso wie bei euch, aber es ist weit entfernt und braucht möglichst viel Unterstützung durch Liebe.

Versucht, mehr mit ihm über Liebe zu sprechen – in den guten Zeiten, nicht nur dann, wenn er schlechter Laune ist. Sprecht mit ihm, wenn er offen und empfänglich ist:

„Wir lieben dich, und zwar immer. Wenn du schlecht gelaunt und unglücklich bist, versuchen wir dir zu sagen, dass du es aufgeben sollst, aber wir lieben dich trotzdem als unseren heiß geliebten kleinen Jungen, der uns ganz wichtig ist. Wir wollen dir nur helfen, dein fröhliches Wesen zu sein, so wie du jetzt bist. Wie du jetzt bist, das bist du wirklich. Ist das nicht gut? Wir wollen dir einfach helfen stärker zu werden, damit du, wenn es wieder passiert, dass du unglücklich bist, es gleich draußen lassen oder loswerden kannst."

Und wenn er dann wieder seine Launen hat, dann sprecht entschieden mit ihm – möglichst bevor er zu schreien anfängt: „Du weißt ja, dass wir dich lieb haben und dass du Mama und Papa lieb hast. Wir sind alle zusammen. Wir sind eine Familie. Aber wir dürfen doch nicht zulassen, dass uns dieses Unglücklichsein den Tag verdirbt, oder?“

Ihr meint vielleicht, dass er euch gar nicht hört, aber sprecht weiter zu ihm (natürlich in euren eigenen Worten und auf eure Art).

„Du verdirbst uns den Tag, und das wollen wir doch nicht, oder? Also komm her. Leg deine Arme um mich und kuschle ein bisschen mit mir. Du bist mein Junge, und ich hab dich lieb. Aber das Unglücklichsein habe ich gar nicht lieb. Du magst es doch auch nicht.“

Was der Junge braucht, ist dass ihr ihm eure Liebe zeigt. Spürt er vielleicht, dass ihr eurem anderen Kind mehr Liebe gebt als ihm? Probiert mal das herauszufinden (ohne es ihm gegenüber anzudeuten).

Er braucht sicher nicht noch mehr Aufregung oder Ablenkungen, um von seiner schlechten Laune abgebracht zu werden. Aber wenn es etwas gibt, das er gerne tut, etwas Besonderes, was auch kreativ ist, könnt ihr das mit ihm zusammen machen, ihn dazu ermutigen oder euch mehr dafür interessieren? Versucht ihm das Gefühl zu geben, dass ihr Anteil nehmt an dem, was ihn interessiert.

Versucht nicht, seine Emotion direkt anzugehen oder herauszufordern. Wenn ihr es tut, müsst ihr sehr bestimmt sein, aber die Liebe kann durchscheinen. Wenn ein Kind verstockt ist in seinem emotionalen Verhalten – vorübergehend davon besessen – dann fühlen sich alle Eltern hilflos und wissen nicht, was sie als Nächstes tun sollen. Dann ist es am besten, es so sein zu lassen. Greift zuerst streng ein, indem ihr dem Kind zum Beispiel sagt, dass ihr nicht mit ihm reden werdet, bis es ruhiger ist. Aber lasst es nicht zu lange so weitergehen. Lasst euch nichts gefallen. Seid konsequent aber liebevoll. Und zeigt ihm so bald wie möglich wieder eure Liebe: „Geht es dir jetzt besser?"

Liebe und Bestimmtheit wirken Wunder, auch wenn man in diesen schwierigen Zeiten immer wieder Selbstzweifel hat.

Die grollende Dunkelheit, die von Zeit zu Zeit in den Körper eines Kindes eintreten und ihn in Besitz nehmen kann, ist in ihrer extremen Form erschreckend und teuflisch. Welches Potential für Gewalttätigkeit und rasende Wut darin steckt, zeigt das folgende Gespräch mit einer anderen Mutter, die von ihrem jammernden Kind zur Verzweiflung getrieben wurde.

Mutter: Ich möchte dich etwas fragen, worüber es mir sehr schwer fällt zu sprechen. Ich habe einen fünfjährigen Jungen. Normalerweise ist er sehr glücklich, aber ziemlich oft wird er sehr schlecht gelaunt – ich nenne es weinerlich – und er macht mir eine Fratze. Wenn er eine Weile herumnörgelt und jammert und ungezogen ist, dann reagiere ich einfach innerlich und werde sehr wütend. Ich spüre wie meine Wut mehr und mehr steigt. Das ist neulich wieder einmal passiert, und es war so schlimm, dass ich ganz schockiert war, wie stark meine Wut war – ich hatte einen rasenden Zorn und Hass. Ich war sehr beunruhigt, dass in mir so viel Gewalttätigkeit ist. Ich hatte das Gefühl, ich hätte ihn fast umbringen können, obwohl ich ihn nicht geschlagen habe. Kannst du mir bitte erklären, was vorging? Woher kommt diese Gewalttätigkeit?

Es gibt viele Eltern in diesem Zustand, die ihre Kinder tatsächlich schlagen und sich nicht zurückhalten können, und natürlich sind es nicht nur die Eltern, die auf Kinder wütend werden und ihnen Schaden zufügen. Eine derartige Gewalttätigkeit gegenüber kleinen Kindern ist für uns alle schockierend, besonders weil es normalerweise gar nicht unserem Charakter zu entsprechen scheint. Sie scheint ebenso unerklärlich zu sein, wie die plötzliche Gewalt und Grausamkeit, die manchmal das Kind in Besitz nimmt. Deshalb ist es eine gute Frage.

Woher kommt diese plötzliche Gewalttätigkeit? Nun, ich kann dir zeigen, woher das Gejammer kommt und warum du, wenn es kommt, innerlich so schrecklich darauf reagierst. Etwas tritt in den Körper des Kindes ein und verzieht seine Gesichtszüge. Die Augen werfen seitliche Blicke, der Kopf hängt nach unten, die Schultern sind hochgezogen, Finger und Zehen zappeln. Und dann kriecht das Ding in die Stimme und spricht mit hoher Stimme affektiert und jammernd. „Da bin ich. Ich bin wieder hier. Schau in den Spiegel. Siehst du? Ich bin in dir. Ich bin wieder da. Du kennst mich. Du hast mich schon früher getroffen. Ich bin der, der sich immer beklagt, der jammert. Ich bin das Jammern im Kind. Ich bin in allen Körpern … Du kennst mich doch, nicht wahr? Du hast mich schon oft gesehen. Ich beklage mich in jedem Körper. Du hast mich in dir selbst gespürt. Ich jammere immer.

Hast du heute nichts, worüber du dich beklagen kannst? Lass es uns hören! Na los, wen können wir heute beschuldigen? Komm schon, lass uns jemanden fertig machen! Ja, weiter so … schlag zu!

Ich verfolge jeden. Ich jage allen Angst ein. Ich schreie laut. Nenne mich den Ankläger, den Lästerer, den, der sich immer beklagt, jammert und am lautesten schreit. Ich jage dir damit Angst sein, von innen und von außen. Ich treibe dich in den Wahnsinn und werde dich zur Zerstörung treiben. Das weißt du ganz genau, weil du mich genau kennst."

So spricht es. Was ist das? Es ist der Teufel in diesem Körper – und in allen Körpern. Er verfolgt tatsächlich jeden. Er ist nicht persönlich. Deshalb verstört sein Gejammer bei Kindern die Mütter und Väter und treibt sie in den Wahnsinn, und fast zur Zerstörung – weil er genau denselben psychischen Ort in uns allen widerspiegelt.

Unsere Aufgabe ist es, dieses teuflische Ding zu überwinden und weit hinter uns zu lassen – mit der Kreativität, auf die wir als Männer und Frauen in dieser Sache, dieser Existenz, diesem Körper von Geburt an ein Recht haben. Durch Gnade oder weil es richtig ist oder durch Liebe erheben wir uns über den Teufel mit all den verschiedenen Mitteln, die ich lehre.

Ich spreche zu euch über den Teufel, damit ihr als Eltern euch selbst erkennt. Das brauchen eure Kinder nicht zu hören.

Der schrecklichen Intensität von Emotionen, von denen ein Kind manchmal besessen ist, muss mit Liebe und konsequenter Distanz begegnet werden. Die Eltern müssen sich weigern, sich mit der Emotion zu identifizieren. Hier ist der Bericht einer Mutter, wie sie der emotionalen Besessenheit eines Sechsjährigen auf richtige Art und Weise begegnet ist.

Mutter: In Bennys Schule sind alle sehr aufgeregt. Die Kinder sollen bald ein Konzert geben, und Ben hat viel geübt. Gestern nach der Schule ist er zu einem Freund mitgegangen um fernzusehen, und als er nach Hause kam, war er zappelig, schwer zu erreichen, fordernd und drängelnd, und er redete mit einer höheren Stimme. Ich wollte ihm nicht noch mehr Input geben und sagte deshalb, er bekäme keine Gutenacht-Geschichte, sondern könnte stattdessen länger aufbleiben und mit uns ein Spiel spielen.

Die emotionale Reaktion darauf war ziemlich spektakulär: Heulen, Jammern, Schreien, hängende Schultern, stampfende Füße! Von einem Moment zum nächsten wechselte er ständig seinen Ausdruck, seine Körperhaltung, den Klang seiner Stimme, als ob man auf einem Klavier mit großer Geschwindigkeit und Kraft die Tasten rauf und runter fährt. Ein Sturm war losgebrochen.

Mit jammernder Trauermiene: „Jetzt hast du mich wieder zum Weinen gebracht. Immer machst du das, jeden Tag!“

Mit aufstampfendem Fuß: „Ich kriege meine Geschichte! Ganz bestimmt! Los, hol das Buch!“

Klagend: „Das ist gemein! Nie kriege ich das, was ich will!“

Es kamen Worte aus ihm heraus, die uns völlig fremd waren, Dinge, die ich von keinem von uns jemals gehört habe. Wir waren ziemlich fassungslos. Ich blieb ruhig und distanziert und beobachtete Ben aufmerksam. Ich saß mit Dave (dem Vater) auf dem Sofa, und wir sagten sehr wenig, bis er sich beruhigte.
Schließlich brach er heftig schluchzend in einem Sessel zusammen, und ich hatte das Gefühl, genau das war es, was er brauchte, um die ganze Aufregung und die Emotionen zu entladen. Danach war alles gut. Er war süß, unbeschwert und müde. Er erzählte uns von seinem Tag, von den Proben und ein paar Dingen, die ihn betrübt hatten. Es gab noch einmal ein paar Tränen, aber dann ein süßes Lächeln, eine Umarmung, und er schlief ein.
Es war gut, dass weder ich noch Dave uns in sein Unglück hineinziehen ließen, und dass wir Benny erlaubt hatten, seine innere Welt wieder in Ordnung zu bringen. Dave sagte hinterher, wie merkwürdig es für ihn gewesen sei, so still und emotionslos – ja fast kalt – angesichts von so viel Emotionen zu sein. Ich hatte dasselbe Gefühl, und es fühlte sich gut an.

Als Eltern, die sich der Wahrheit verpflichten, bringt ihr euren Kindern auf natürliche Weise bei, was ihr von mir bei meinen Belehrungen hört, obwohl ihr es natürlich an das Erfahrungsniveau eines Kindes anpassen müsst.

Mutter: Auch wenn ich es schaffe, frei von meinen eigenen Emotionen zu bleiben, und meiner Tochter sage, sie soll nicht fordernd sein, und alles tue, was du sagst, ist es eigentlich vergebliche

Liebesmüh, weil es mir so vorkommt, als müsste sie die Erfahrung machen, unglücklich zu sein. Ganz egal, was wir tun, unsere Kinder müssen ein Selbst entwickeln. Also müssen sie unglücklich sein.

Als ihre Mutter wirst du ihr helfen und sie so gut du kannst anleiten, weil das der Job von Eltern ist. Und wenn diese Lehre für dich wahr ist, dann wirst du dich bemühen, sie auch zu leben. Es dient der Evolution unserer Rasse, dass es Menschen gibt, die den Weg, den ich lehre, auch leben, und wissen, dass er richtig für sie und ihre Kinder ist. Durch richtige Kindererziehung werdet ihr dazu beitragen, es einem Kind möglicherweise zu ersparen, während seiner Entwicklung unglücklich zu sein. Das ist unser Job als Eltern. Unterdessen ist jeder menschliche Körper seinen Veranlagungen unterworfen, und jeder Mensch muss sein eigenes Leben leben. Aber diese Veranlagungen oder Neigungen müssen das Kind nicht unbedingt auf Konfliktkurs bringen. Es könnte auch ein Kurs von größerer Harmonie sein, wenn wir unseren Kindern die Vorteile unserer Erfahrungen vermitteln können und sie mit Gerechtigkeit und Wahrheit richtig erziehen.

Mein Vater und meine Mutter (und alle unsere Väter und Mütter) haben immer gesagt: „Sieh mal, mein Sohn, geh nicht dorthin und tu das nicht. Ich sage dir, dass es in einer Katastrophe enden wird.“ Ich konnte nicht auf sie hören, weil ich erfahren musste, was eine Katastrophe ist. Aber nichtsdestotrotz könnt ihr den Lauf des Karmas eurer Kinder zu einem gewissen Grad verändern.

Es gibt nichts Schöneres, was ihr für eure Kinder tun könnt, wenn ihr ihnen schon im frühesten Alter beibringt, in ihrem Körper zu bleiben. Die meisten Kinder und Erwachsenen verbringen die meiste Zeit außerhalb ihres Körpers.

Um jeden physischen Körper herum befindet sich ein psychischer Raum, der von unseren Gedankenprozessen besetzt ist. Die meisten Menschen sind so häufig in ihren Gedanken verloren, oder sie sind erregt oder geistig aufgewühlt, dass sie die meiste Zeit in diesem psychischen Raum verbringen, wo sie denken, träumen und sich Sorgen machen. Sie gehen vielleicht eine Straße entlang oder buddeln sogar die Straße auf, aber wenn sie in ihrem Kopf mit sich selber reden, sind sie nicht in ihrem Körper. Nur sehr wenige Menschen sind zu irgendeiner Zeit wirklich in ihrem physischen Körper und in Kontakt mit der körperlichen Empfindung von Wohlbefinden – und deshalb mit Liebe und dem, was ich „das Gute“ nenne.

Je mehr ihr Kindern helft, dieses Wohlbefinden in ihrem Körper zu finden, desto weniger werden sie in ihren Kopf fliehen: Je mehr ihr sie daran erinnert, bei dem Guten zu bleiben, desto mehr werden sie in der Lage sein, ihren Launen entgegenzuwirken und sich von unglücklichen Emotionen zu befreien, wenn immer sie davon in Besitz genommen werden, was unvermeidlich sein wird. Deshalb ist es lebenswichtig, dass ihr eure Kinder so oft wie möglich in ihren Körper zurückholt.

Sprecht immer wieder mit den Kindern, schon vom

Kleinkindalter an: „Ich kann das Gute fühlen. Kannst du das Gute auch fühlen? Probier mal, ob du es fühlen kannst. Ich fühle es hier in meinem Bauch. Fühlst du dich gut in deinem Bauch?"

„Nein? Okay, dann zeig ich dir, wie man es macht. Schau mal, ob du mich lieb hast. Hast du Papa lieb? Hast du Mama lieb?"

„Ja? Gut, und wo spürst du, dass du Papa oder Mama lieb hast? Zeig mal, wo du das fühlst. Nun, das ist doch gut, oder? Das ist das Gute."

Je mehr ihr mit euren Kindern so redet, desto mehr erzeugt ihr in ihnen das Wissen, was es heißt, in seinem Körper zu sein. Und je mehr sie die Erfahrung des Guten in ihrem Körper machen, desto mehr werden sie in der Lage sein, sich von unglücklichen Gefühlen zu befreien, wenn die Zeit dafür kommt.

Kinder in ihren Körper zurückzuholen, wenn sie unbeschwert und fröhlich sind oder wenn sie gerade anfangen sich aufzuregen, ist eine gute Vorbereitung darauf, es auch dann zu tun, wenn sie emotional sind. Aber natürlich ist es viel schwieriger, wenn sie schon verstört sind. Versucht in dieser Situation, euch mit dem Kind hinzusetzen und es das körperliche Gefühl von Ärger oder Frustration spüren zu lassen.

„Du fühlst dich unglücklich, ja? Dann schau mal, wo du dich unglücklich fühlst. Kannst du es in deinem Körper fühlen?"

„Ja."

Ihr solltet möglichst direkte Antworten erhalten. Kein

Nicken. Ein klar ausgesprochenes Ja macht die Kommunikation direkt und bedeutet, dass die Aufmerksamkeit registriert hat, was geschieht. Dann wird es für das Kind möglich, Verantwortung dafür zu übernehmen, dass es unglücklich ist.

„Okay. Wo ist das Gefühl? Wie fühlt es sich an? Ist es unangenehm? Tut es weh?"

Wenn ihr solche Fragen stellt, hat die Intelligenz des Kindes Gelegenheit, das Gefühl des Unglücklichseins von den übrigen Körperempfindungen zu trennen. Also lenkt ihr seine Aufmerksamkeit darauf: „Und kannst du auch das Gute fühlen? Kannst du das Gute unter dem Unwohlsein fühlen oder darum herum?

Die Empfindung des Guten ist immer da. Die unglücklichen Gefühle und emotionalen Schmerzen kommen und gehen. Dies als Erfahrung in unserem eigenen Körper demonstriert zu bekommen, ist eine der wichtigsten Lektionen, die man uns geben kann – ob als Kindern oder Erwachsenen.

Nach einer Weile ist es vielleicht möglich zu fragen: „Was ist das Problem? Was ist der Grund dafür?" Und das kann zu einem ehrlichen Gespräch führen.

In der besten Situation kann jedes Mitglied des Haushalts das Gute meistens spüren und, wenn unglückliche Emotionen ins Haus kommen, mit diesen rasch und ehrlich fertig werden. Wenn die Eltern den Schwerpunkt im Familienleben auf das Gute legen, werden die Kinder ihnen helfen es beizubehalten.

Zum Beispiel beginnt ihr, Vater und Mutter, über etwas

zu streiten, und das jüngste Kind kommt zu euch und sagt: „Warum fühlt ihr beiden nicht das Gute?“ Ihr lacht, und beim Lachen fühlt ihr das Gute.

Es gab eine Familie, die zu mir kam, als ich 1986 wieder nach Australien zurückkehrte, nachdem ich zwanzig Jahre in England gelebt hatte. Sie unterstützten mich dabei, meine Versammlungen in Australien in Gang zu bringen und setzten sich voll für mich ein. Sie liebten die Wahrheit wirklich und lebten sie, so gut sie konnten. Als sie ihr erstes Kind bekamen, sagte ich zu ihnen, sie sollten ihm beibringen, wo Gott ist.

„Irgendwie werdet ihr dem Kind eine Vorstellung davon vermitteln müssen, was wir meinen, wenn es um Wahrheit geht. Ihr müsst ihm so früh wie möglich zeigen, wo Gott oder das Leben ist.“

Zwei Jahre waren vergangen, als sie mich an dieses Gespräch erinnerten. „Wie macht man das eigentlich?“ fragten sie. „Wie redet man mit einem kleinen Kind über Gott, das Leben und die Wahrheit?“ Also begann ich, ihnen die Grundübung zu zeigen, die allem, worum es in diesem Buch geht, zugrunde liegt.

Um euch eine Zusammenfassung davon zu geben, wie man Liebe, Wahrheit und Gott in die Familie einbringt, möchte ich hier wiedergeben, was ich ihnen vorgeschlagen habe. Natürlich muss man das immer an seine eigenen Umstände anpassen und darf nicht vergessen, einen

Moment zu wählen, in dem das Kind empfänglich und nicht zu unruhig ist.

„Wir machen jetzt etwas ganz Interessantes. Wir spielen ein Spiel, eine ganz neue Art von Spiel…"

„Ah!" sagt das Kind. Es ist immer gut, die Wahrheit in einen Zusammenhang zu bringen, in dem das Interesse des Kinds geweckt wird.

„Wir machen jetzt also Folgendes: Wir werden herausfinden, wo Gott ist. Wie findest du das? Also, als Erstes setzt du dich dorthin, und ich sitze hier, dir gegenüber. Hast du dein Kissen? Ja? Gut. Dann fangen wir an."

„Hast du die Mama lieb?"

Und das Kind sagt: „Ja, ja. Ich hab die Mama lieb."

„Hast du Papa lieb?"

„Ja, ja. Ich hab den Papa lieb."

„Und wenn du sagst, du hast mich lieb, wo fühlst du denn deine Liebe?"

Das Kind zeigt gewöhnlich irgendwo auf seinen Körper, meistens auf den Bauch.

„Das ist richtig. Ist das denn ein schönes Gefühl?"

(Nehmt euch Zeit, in die Körperempfindung hineinzugehen und helft dem Kind die Wärme davon zu spüren.)

„Ist das ein gutes Gefühl? Ist es gut deine Liebe zu fühlen?"

„Ja!"

„Du hast ja schon gehört, dass die Leute von Gott sprechen. Also, Liebe ist Gott. Liebe ist immer in dir drin, und Gott ist auch immer in dir drin. Wo ist also Gott? Zeig mal, wo Gott ist."

Wieder zeigt das Kind auf seinen eigenen Bauch.

„Richtig. Jetzt zeigst du auf deinen eigenen Körper. Aber Liebe oder Gott ist ja keine Person. Das ist nur eine schöne Empfindung, nicht wahr? Ist das gut?"

„O ja!" sagt das Kind.

„Das ist die Empfindung mit der man bleiben kann. Sie ist immer bei dir. Sie ist immer da und geht nie weg."

Es vergingen zwei Monate, bevor ich die Eltern wieder sah. Sie hatten die Übung mit einigem Erfolg durchgeführt. Aber nun begann die Zeit, in der der Junge emotional wurde. Er kam in die Trotzphase, und jetzt wollten sie wissen, wie man damit umgeht. Also schlug ich ihnen ein anderes Spiel vor für die Zeiten, wenn er emotional wurde und sich sein Gesicht verzerrte – auch wenn es für ihn in dem Moment vielleicht nicht wirklich ein Spiel war. Sie sollten den Jungen überreden, mit ihnen ins Bad oder Schlafzimmer zu gehen und in den Spiegel zu schauen.

„Siehst du, was ich da sehe? Wie du dein hübsches Gesicht verziehst und deine Augen rot werden und du ganz verspannt wirst? Kannst du dich sehen? Weißt du, was das bedeutet?"

„Es bedeutet, dass du den Kontakt zu deiner inneren Liebe verloren hast. Jetzt müssen wir dich also wieder in Kontakt damit bringen. Mama und Papa werden jetzt versuchen dir zu helfen, dass du wieder zurückkommst dahin, wo die Liebe ist. Lass uns das jetzt mal versuchen. Komm her, du bist aus deinem Körper heraus gegangen. Du bist davon weggegangen, weg von deiner Liebe. Komm, geh wieder zurück in deinen Körper. Geh wieder dahin, wo die Liebe ist."

Mutter und Vater machten sich auf, um das mit ihrem kleinen Jungen auszuprobieren. Als ich sie zwei Monate später wieder traf, berichteten sie mir. Sie waren kurz davor bei einem meiner öffentlichen Vorträge gewesen, bei dem ich meine Verse über den Zwerg vorgelesen hatte, genau die, welche zu Beginn dieses Kapitels zitiert sind. Das hatte sie auf eine Idee gebracht, die sie gut benutzen konnten. „Wir haben das Spiegel-Spiel gespielt und haben es schließlich geschafft, dass unser kleiner Junge aufgehört hat Forderungen zu stellen. Und jetzt kriegen wir ihn meistens dazu sich zu beruhigen. Jedes Mal wenn er von seiner Emotion überwältigt wird, sagen wir sofort: „Komm schon, lass das Schweinchen raus und Gott rein!"

Es hat offenbar sehr gut funktioniert. Sobald das Kind Anzeichen von Selbstsucht zeigte, sagten Mama oder Papa: „Na so was, das Schweinchen ist drin. Na los – wir wollen Schweinchen hier nicht haben. Los, lass Schweinchen raus und Gott rein. Raus mit dem Schweinchen!"

Sie haben jetzt drei Kinder auf diese Weise groß gezogen, und die „Schweinchen-Übung" ist zu einem Teil des Familienlebens geworden, und zwar so sehr, das auch die Eltern nicht verschont bleiben. Wenn eines der Kinder Vater oder Mutter mit „Schweinchen drin" sieht, ist es sehr schnell damit, die Eltern darauf hinzuweisen.

Wenn der Vater emotional wird, warum soll man es ihm nicht sagen? Und da Papa die Wahrheit lebt, wird er sagen:

„Ja okay, ich fühle mich fertig und beschissen, und es ist mir egal … Nein, es ist mir nicht egal! Okay, in Ordnung, Schweinchen raus!“

LEBEN MIT SIMON

WIR HATTEN EINE ABMACHUNG. Keiner von uns wollte, dass unser Zuhause unglücklich ist. Wir haben uns oft zusammengesetzt und darüber geredet. Obwohl Simon zu dieser Zeit erst drei war, behandelten wir ihn in dieser Beziehung als gleichgestellten Partner, und er fand das großartig. Wir drei waren uns einig, dass es nur eine Sache gab, die unser Zuhause unglücklich machte, und das waren die Emotionen der Menschen, die darin lebten.

Simon wusste, was Emotionen sind, und er wusste, dass sie nicht Liebe sind. Er verstand den Unterschied. Seine Eltern hatten meine Lehren praktiziert, bevor er geboren wurde, und da sie Emotionen bei sich selbst durchschaut hatten, zeigten sie ihm konsequent, dass es auch in seiner eigenen Erfahrung die Wahrheit ist. Als sie dann beschlossen sich zu trennen, war Simon, obwohl er noch ein Kleinkind war, gut darauf vorbereitet. Zwölf Monate später heiratete ich seine Mutter, Kathy, und wir zogen nach Queensland. Wir richteten unser Zuhause auf dem Tamborine Mountain ein und lebten dort vier Jahre zusammen, bis meine Ehe mit Kathy ein Ende fand.

Unter Emotion verstehe ich jede Forderung, die ich an ein anderes Individuum stelle. So konnten wir zum Beispiel

Simon zeigen, dass er emotional war, wenn er schmollte, und dass er emotional war, wenn er uns nicht sagen konnte oder wollte, warum er schmollte. Er musste in der Lage sein uns zu sagen, warum er schlecht gelaunt war oder was er wollte; sonst war er unehrlich und wusste nicht, was er tat. Er war nicht für sich selber verantwortlich.

Die Abmachung bestand darin, dass er uns, wenn immer er bemerkte, dass Kathy oder ich schlecht gelaunt waren, darauf hinweisen und uns fragen konnte, warum. Warum machten wir unser Zuhause unglücklich? Es galt nicht zu sagen, dass Simons schlechte Laune daher käme, weil er einfach müde sei. Wenn er müde war, dann konnte er es lösen, indem er sich schlafen legte. Auch für mich galt es nicht zu behaupten, ich hätte schlechte Laune, weil ich einen schweren Tag hatte. Wir alle entdeckten, dass es immer eine praktische Lösung gab, wenn man unglücklich war.

Ein schwerer Tag war kein Grund schlecht gelaunt oder jähzornig zu sein. Ich musste es aufgeben an der Vergangenheit festzuhalten. Das Heilmittel nach einem harten Tag war es, mich hinzusetzen und mich an meinem Zuhause und meiner Familie zu freuen. Wenn ich das nicht tun konnte, warum lebte ich dann dort? Ein Zuhause, das frei von unglücklichen, schlecht gelaunten, emotionalen, bedrückten, lebensüberdrüssigen Menschen ist, ist ein gutes Zuhause. Wenn ich gerne emotional und unglücklich sein wollte, dann war es kein Zuhause für mich – und das galt für alle.

Wenn Simon hörte, dass wir eine Meinungsverschiedenheit hatten, fragte er uns: „Warum streitet ihr euch?“

Wir mussten es ihm erzählen, und das machte uns dafür

verantwortlich, eine praktische Lösung zu finden oder unsere emotionale Einstellung, die wir zugelassen hatten, aufzugeben.

Eine Abmachung war eine Abmachung. Für uns alle galt dieselbe Gerechtigkeit. Dann ist es fair, ein faires Spiel. Kinder lernen mit fairen Spielen.

Er wachte heulend auf. Er hatte etwa zwei Stunden geschlafen. Wir waren den ganzen Tag mit ihm unterwegs gewesen und hatten spät zu Mittag gegessen. Auf dem Weg nach Hause war er im Auto eingeschlafen und ich hatte ihn ins Bett getragen. Ich ging zu ihm hin.

„Was ist los, Simon?“

Immer noch heulend setzte er sich auf und jammerte: „Ich hatte überhaupt kein Abendessen!“

„Hast du Hunger?“

Für einen Moment hörte er auf zu heulen: „Nein.“

„Na, dann macht es ja nichts, dass du kein Abendessen hattest, oder? Wir haben spät zu Mittag gegessen.“

Er überlegte kurz und fing wieder an zu weinen und zu jammern: „Aber ich hatte kein Abendessen!“

„Ich weiß, dass du kein Abendessen hattest. Wir hatten ein spätes Mittagessen. Du hast kein Abendessen gebraucht. Man isst nur, wenn man Hunger hat. Und du sagst, dass du jetzt keinen Hunger hast. Also macht es nichts, dass du kein Abendessen hattest, oder? Möchtest du, dass ich dir jetzt etwas zu essen hole?“

Schweigen. „Nein, danke.“ Er legte sich hin und drehte sich um. Ich küsste ihn, deckte ihn zu, und er schlief friedlich ein.

Die Gewohnheit einer Vorstellung ist sehr stark in uns, oft stärker als unsere Zufriedenheit. Wie oft macht uns etwas unglücklich, von dem wir glauben es zu wollen, auch wenn es gar nicht das ist, was wir wollen. Es ist nur die Gewohnheit, etwas haben zu wollen, woran wir uns gewöhnt haben, auch wenn wir es gar nicht mehr brauchen.

Er wollte sich ein Glas Saft eingießen und brachte die große Saftflasche ganz langsam in Richtung Glas, das auf dem Tisch stand. Ich sagte: „Du wirst es verschütten, Simon.“

„Nein, werde ich nicht.“

„Okay, dann mach weiter. Wir werden sehen.“ Und er machte weiter. Das Glas kippte, der Saft lief über den Tisch und tropfte auf den Boden.

„Siehst du?“ sagte ich. „Du hast es verschüttet.“

„Das weiß ich!“ Er war stinksauer.

Was er nicht wusste, war, dass ich gesehen hatte, dass er die Flasche seitlich an den Rand des leeren Glases gelehnt hatte, das durch das Gewicht natürlich umkippte. Er war sehr wütend auf sich selbst.

„Sei nicht wütend. Das ist uns allen schon passiert. Ich zeige dir, warum es passiert ist.“

Ich zeigte es ihm, und natürlich sah er es sofort. Er wird den Saft auf diese Weise nie wieder verschütten.

Er war frech gewesen, und ich wies ihn zurecht. Er stand vor mir, aber seine Augen sausten ständig in eine andere Ecke des Raums.

„Merkst du, wie du ständig dort drüben hinschaust, während ich mit dir spreche? Siehst du das? Da! Jetzt hast du es wieder getan.“

Er nickte. Und sofort schaute er wieder hinüber zur anderen Seite des Raums und dann zurück zu mir.

„Das ist nicht direkt, Simon. Ich spreche direkt zu dir, und das heißt, dass ich dich direkt anschaue. Ich kann nicht direkt mit dir reden, wenn ich aus dem Augenwinkel woanders hinschaue. Darum siehst du meine Augen nicht hin und her und überall hin gehen. Du kannst mir nicht direkt zuhören, wenn du mich nicht direkt anschaust.

Simon, du schaust schon wieder dort drüben hin!“

„Barry, ich kann nicht anders.“

„Ich weiß. Aber wir bringen das jetzt in Ordnung, nicht wahr? Du schaust dort drüben hin, weil du nicht hören willst, was ich dir zu sagen habe. Du willst nicht, dass man dir sagt, dass du dich schlecht benommen hast, und du willst nicht berichtigt werden. Willst du dort drüben stehen, wo du hinschaust?“

„Nein.“

„Gut, dann schau nicht dorthin. Wenn wir fertig sind mit Reden, kannst du dort hingehen oder machen, was du willst.“

Kathy war sehr direkt mit ihm, auch bevor die beiden mit

mir zusammenlebten. Sie beantwortete seine Fragen immer sachlich, behandelte ihn nie herablassend und erwartete, dass er sie genauso behandelte. Beide hatten viel Freude miteinander und an ihrer direkten Art zum kommunizieren. Er war ein fröhlicher Junge, und durch die Liebe seiner Mutter und ihrem offenen und ehrlichen Umgang miteinander hielt er an seinen Launen nie lange fest.

„Hast du dein Licht ausgeschaltet, Simon?"

Er war gerade aus seinem Zimmer gekommen, um mit mir und seiner Mutter im Wohnzimmer zu sein.

„Oh nein, das habe ich vergessen." Er drehte sich um und wollte zurückgehen, hielt aber inne und fragte mich: „Barry, warum muss ich immer das Licht ausschalten?"

„Wenn du kein Licht brauchst, schaltest du es aus. Wenn du Licht brauchst, schaltest du es an und benutzt es so lange, wie du es brauchst. Aber wenn du damit fertig bist, schaltest du es aus."

„Andere Kinder lassen im ganzen Haus die Lichter an."

„Aber du bist kein anderes Kind. Du bist mein Junge, Simon. Ich bringe dir bei, verantwortlich zu sein und zu wissen, was du tust. Wenn du das Licht ausschaltest, lernst du, nur das zu benutzen, was du brauchst. Das wird dir helfen, wenn du mal größer bist und ein eigenes Zuhause hast. Wenn du mal dein eigenes Haus hast, kannst du deine Freunde immer bei dir haben, wenn du willst. Das würde dir doch gefallen, oder?"

„Na klar!"

„Es ist schön, im ganzen Haus die Lichter an zu haben, wenn du es so willst. So wie bei einer Party. Aber du darfst nicht vergessen, dass Licht Geld kostet. Die Leute wundern sich oft, wie hoch ihre Stromrechnungen sind. Ich möchte, dass du die Verantwortung trägst, wenn du Licht benutzt, und es nicht einfach unbewusst oder aus Vergesslichkeit anlässt. Dann kriegst du keinen Schock, wenn du dafür bezahlen musst."

Er kapierte, worum es ging: „Und dann werde ich mehr Geld haben!"

„Richtig! Wir erziehen dich so, dass du in der Lage bist, für dich selber zu sorgen. Wir wollen, dass du das beste Leben hast, was du haben kannst. Du lernst, die Dinge zu kontrollieren. Und das Licht ist eines der ersten Dinge, die du lernen kannst zu kontrollieren."

Sieben Uhr morgens. Simon war schon auf und spielte in seinem Schlafzimmer gegenüber. Ich ging in sein Zimmer.

„Ich mache jetzt unsere Tür zu," sage ich. „Kannst du bitte draußen bleiben, bis ich dich rufe?"

„Warum?"

„Ich werde mich mit deiner Mutter lieben."

„Was machst du mit ihr?"

„Ich werde mit ihr im Bett schmusen."

„Kann ich auch kommen?"

„Nein, aber du kannst später kommen, dann schmusen wir

beide mit dir. Und dann schmusen wir alle zusammen."

„Warum kann ich nicht jetzt kommen?"

„Wenn ein Mann mit der Frau, die er liebt, schmusen will, wollen sie allein sein. Ich habe sie geheiratet, damit niemand anderes mit uns im Bett ist, während ich sie liebe. Das ist der wichtigste Grund, warum die Leute heiraten, damit sie ganz privat schmusen können."

„Na gut. Aber vergesst nicht, mich zu rufen."

Er kam mit noch schläfrigen Augen zum Frühstück in die Küche und fragte: „Barry, ist heute morgen?"

„Was?" fragte ich.

„Ist heute morgen?"

Ich begriff. „Nein, morgen kommt niemals. Heute ist nur heute. Aber ich weiß, warum du die Frage gestellt hast. Das ist eine gute Frage. Wir reden immer von morgen, aber wenn es kommt, dann ist immer heute."

Zu der Zeit war Simon gerade sechs geworden. Für ein Kind in diesem Alter fängt das Morgen an zu existieren. Unser Zeitgefühl ändert sich, wenn uns Vergangenheit und Zukunft bewusst werden. Die Aufregung und Vorfreude auf Geburtstage, Weihnachten und andere Ereignisse werden immer wichtiger. Wenn wir schließlich erwachsen werden, sind wir vom Jetzt so weit entfernt, dass Zeit nur noch in Erinnerungen gemessen wird. Beobachtet diese Veränderungen bei euren Kindern und haltet sie, so lange ihr es könnt, in der Gegenwart.

Bei einer anderen Gelegenheit fragte er: „Was ist die zweite Kindheit?“ Offenbar hatte er zugehört, als ich eine Bemerkung über mein eigenes Alter gemacht hatte.

„Das ist ein Begriff, mit dem man Leute beschreibt, die alt und vergesslich werden,“ sagte ich.

Er wurde für einen Moment nachdenklich: „Aber was vergessen sie denn?“

„Sie vergessen alles!“

„Aber warum?“

„Weil es im Leben eben so ist. Du kommst auf die Welt, in die Existenz, und bist in deiner ersten Kindheit übervoll mit Energie, so wie du jetzt. Du lebst im Moment. Du vergisst Sachen. Es ist schon schwer genug, dich daran zu erinnern, dass du dein Lesebuch aus der Schule wieder nach Hause bringen sollst, nicht wahr?“

Er grinste: „Kann schon sein.“

„Das ist nicht schlimm,“ sagte ich, „das ist die erste Kindheit. Und so ähnlich ist es für die Leute in der zweiten Kindheit. Wenn du erwachsen bist und als Erwachsener durch die Welt gegangen bist, dann fängst du an ein bisschen abgenutzt zu werden, so wie eine Batterie zu Ende geht. Du hast ja alte Leute gesehen. Sie können nicht mehr so schnell laufen, und ihr Gehirn kann es auch nicht mehr. Bei manchen älteren Leuten ist das erste, was nicht mehr richtig funktioniert, das Gedächtnis. Sie werden wieder wie ein Kind, wie du.“

„Aber ich kann mich an viele Dinge erinnern!“

„Ja, aber nicht an so viele wie ich. Ein Erwachsener kann sich an viel mehr erinnern, weil er viel mehr Geburtstage hatte. Darum ist sein Gedächtnis ganz voll. Wenn die alten Leute anfangen ihr Gedächtnis zu verlieren, werden sie wieder wie Kinder. Das nennt man die zweite Kindheit.

Ich erzähle dir eine Geschichte darüber. Erinnerst du dich an meine Kusine Judith?"

„Hmm... ich glaube, ja."

„Nun, ihr Vater ist achtzig und sein Gedächtnis ist weg. Einmal hat sie ihn ins Krankenhaus mitgenommen um seine Frau zu besuchen, mit der er sechzig Jahre zusammengelebt hat. Sie hatte die Hüfte gebrochen und war im Krankenhaus, damit die Hüfte wieder repariert wurde. Als es Zeit war wieder zu gehen, sagte Judith zu ihm: „Papa, willst du der Mama nicht einen Abschiedskuss geben?" „Oh ja!" sagte er und ging langsam hinüber und küsste die Frau im Bett nebenan."

Simon lachte schallend und sagte dann ganz ernst: „Barry, das ist doch nicht wirklich passiert?"

„Doch, wirklich. Es passiert öfters, dass alte Leute auf der Straße herumwandern, weil sie sich nicht erinnern können, wo sie wohnen oder wer sie sind. Ich erzähle dir eine andere Geschichte. Als du ein kleiner Junge warst, vier oder fünf Jahre alt, bist du im Supermarkt weggelaufen und verloren gegangen. Du fingst an zu weinen, weil wir nicht mehr da waren. Es fiel dir nicht ein, was du jetzt tun solltest. Alles, was dir einfiel, war, dass es dir wieder gut geht, wenn du uns findest, weil wir uns erinnern würden, was man in dieser Situation tut. So ist es in deiner ersten Kindheit und auch in deiner zweiten. Wir brauchen ein Gedächtnis, wenn wir über etwas nachdenken müssen. Wir brauchen kein

Gedächtnis, wenn wir herumlaufen und spielen oder den ganzen Tag in der Sonne sitzen.

▤

Wir fuhren nach Sydney und hielten an einer Tankstelle. Simon und ich gingen zur Toilette. Wir standen nebeneinander, wie es üblich ist. Simon, der keinen Hosenschlitz hatte, begann sich die Hose herunterzuziehen. Als ich es sah, rief ich: „Simon, halt!"

Er hielt inne schaute zu mir auf und fragte: „Was ist los?"

„Schau mal runter zu deinen Füßen, wo du stehst. Da ist alles nass mit Urin. Wenn du jetzt die Hose bis zu deinen Füßen herunterlässt, wird sie nass vom Pipi anderer Leute. Siehst du, was ich meine?"

„Ja," sagte er, ließ vorsichtig die Hose ein Stück bis über die Knie herunter und begann das zu tun, wozu er hergekommen war.

„Tu das nicht!" Wieder schrie ich ihn an. Erschreckt hielt er inne. „Du spritzt uns beide nass! Du musst ein bisschen zur Seite pinkeln, nicht direkt auf das Pissoir, sonst spritzt es zurück. Schau, so machst du uns beide nass."

Er tat, was ich sagte, und lächelte: „Gut, Barry. Ja, so funktioniert es."

Ich versuchte immer, ihm zu zeigen, was funktioniert. Ich sagte ihm nie, was er tun sollte, ohne zu erklären, warum es so praktischer oder richtig ist. Kinder lernen praktisch zu sein, wenn sich die Eltern die Mühe machen und die Zeit nehmen, es ihnen von klein auf zu zeigen.

Ein Mann kam aus einer der Toilettenkabinen, drängte sich an mir vorbei und sagte spöttisch: „Oh Gott, was bin ich froh, dass ich nicht so einen Vater hatte!“

DIE REGELN DES ZUSAMMENLEBENS

JEDES KIND SEHNT SICH NACH GEBORGENHEIT. Jedes Kind will die Sicherheit, die ihm die Gegenwart der Mutter und die Autorität des Vaters vermittelt. Wenn die Eltern nicht genügend Autorität haben, sind die Kinder verunsichert.

Je mehr sich Eltern von ihrer eigenen Unsicherheit frei machen, desto ausgeglichener wird das Zusammenleben der Familie. Die Eltern sind die Sicherheit des Kindes – in Form von Liebe, Ehrlichkeit und Weisheit. Doch um ihren Kindern diese Werte vermitteln zu können, müssen Eltern die nötige Autorität besitzen, um mit ihnen gerecht umgehen zu können.

Kein Kind kann Sicherheit finden indem ihm Freiheit gewährt wird. Kein Kind kann frei sein. Sicherheit bedeutet für Kinder zwangsläufig auch, dass ihrem Verhalten Grenzen gesetzt werden müssen. Doch diese Grenzen müssen ihnen mit Ehrlichkeit und Gerechtigkeit gesetzt werden.

In diesem Buch geht es darum, wie man Kinder mit Liebe, Wahrheit und Gerechtigkeit erzieht. Gerechtigkeit ist ganz wesentlich. Wenn Eltern ihrem Kind sagen, was es zu tun oder zu lassen hat, müssen sie sich selbst auch an die gleichen Regeln halten. Wenn ich etwas von dir verlangen darf, musst du das gleiche auch von mir verlangen dürfen.

Das ist fair. Das ist Gerechtigkeit. Wir lehren unsere Kinder nur sehr selten Gerechtigkeit. Dennoch ist es wichtig, dass sie einen Gerechtigkeitssinn entwickeln, um mit der Doppelmoral, die auf der Welt herrscht, zurechtzukommen. Eltern müssen dies ihren Kindern vorleben, und zwar schon von klein auf. Wenn Kinder schon in jungen Jahren die Gerechtigkeit ihrer Eltern erfahren, werden sie weniger Beweise dafür benötigen, wenn sie älter sind.

Gerechtigkeit bedeutet, dass jeder Person im Haushalt von Anfang an erklärt wird, wie die Regeln lauten. Die Regeln werden einerseits durch das Leben selbst und andererseits durch die Autorität im Hause bestimmt.

So kann es beispielsweise vorkommen, dass ich die ganze Familie zusammentrommle und sage: „In diesem Haus tragen wir alle zu der Liebe bei, die bedeutet, dass unser Zuhause harmonisch ist. Deshalb können wir alle zusammenleben, ohne dass jemand unglücklich zu sein braucht. Ich gebe gerade jetzt meine Liebe, indem ich euch die Wahrheit über das Leben verrate und zwar, dass jeder einen Beitrag leisten und seinen Anteil an Verantwortung übernehmen muss. Ich steuere auch mein Geld bei, was ihr als Kinder noch nicht könnt.

Wir alle müssen auf unsere Weise zahlen. Ihr lebt bei uns, weil ihr noch nicht alt genug seid, ohne uns zu leben. Da ihr noch nicht euer eigenes Geld verdient, gibt es für euch nur ein Zahlungsmittel: Liebe. Und wie zahlt man mit Liebe? Indem man nicht grundlos emotional wird. Wenn ihr emotional werdet, müsst ihr auch in der Lage sein mir zu sagen, warum. Wenn es daran liegt, dass ihr etwas haben wollt, und ich sage, dass ihr es nicht bekommen könnt, werde ich euch auch sagen, warum ihr es nicht bekommt. Wenn ihr dann nicht akzeptiert, was ich sage, dann seid ihr nicht liebevoll.

Jedes Mal, wenn ich oder eure Mutter nicht unseren Beitrag leisten, dann dürft ihr uns jederzeit darauf aufmerksam machen, solange es gerechtfertigt ist. Genauso werden wir euch immer darauf aufmerksam machen, wenn ihr euren Beitrag nicht leistet."

Vergesst nicht, die Kinder über die ganze Situation aufzuklären. Manchmal ist ihnen nicht klar beziehungsweise vergessen sie, dass ihr hart arbeiten müsst, um den Haushalt aufrecht zu erhalten.

„Du kannst heute Nachmittag gerne Schwimmen gehen, aber ich muss arbeiten. Vorausgesetzt, du tust, was dir gesagt wird, darfst du nach dem Mittagessen tun, was du möchtest. Aber ich muss wieder arbeiten, auch wenn ich gerne mit dir zum Strand gehen würde."

Kindern muss erklärt werden, dass das Leben nicht leicht ist, und dass wir manchmal Dinge tun müssen, auch wenn wir dazu gerade keine Lust haben. Aber gib immer klar zu verstehen, dass du bereit bist die Dinge zu tun, die du tun musst, ohne ein Problem daraus zu machen, und zwar weil du deine Kinder liebst und du gerne deinen Beitrag für das Zuhause leistest.

Gerechtigkeit bedeutet, der Situation gerecht zu werden und nicht danach zu gehen, was man mag oder nicht mag.

Als Eltern sind wir in der Situation, dass wir ein kleines Wesen vor uns haben, für das wir verantwortlich sind. Für diese Situation ist das Beste das, was am besten für das Kind ist und nicht das, was ich für mich selbst will oder nicht will.

Worum ich euch als Eltern und als Individuen bitte, ist eure persönlichen Überlegungen aufzugeben. Gebt eure „Person“ so weit wie möglich auf.

Wenn ihr aus dem, was ich sage, die Wahrheit heraushören könnt, werdet ihr immer weniger „persönlich“. Jedes Mal, wenn ihr in eurer eigenen Erfahrung die Wahrheit erkennt, bekommt ihr eine Ahnung davon, wie unermesslich weit unpersönliche Gerechtigkeit ist

Wenn Kinder spüren, dass ihr nicht eure eigenen Belange im Auge habt, auch wenn ihr sie ermahnt oder bestraft, ist ihnen klar, dass ihr gerecht seid. Die Bestrafung sollte immer erklärt werden, so dass klar ist, dass sie gerechtfertigt ist und das Kind weiß, dass es bei eurem Handeln nicht darum geht, was euch gefällt oder nicht gefällt, sondern darum, was ihr für richtig haltet

Vater: Was mir persönlich überhaupt nicht „gefällt“, ist der bloße Gedanke, unseren Sohn auf irgendeine Art bestrafen zu müssen. Er ist jetzt acht Jahre alt und ziemlich eigensinnig. Ich weiß, dass mir meine eigenen Eltern wirklich zu viel durchgehen ließen. Und als sie dann merkten, dass sie die Zügel anziehen müssen, haben sie mich wirklich hart bestraft, was dazu führte, dass alle unglücklich waren. Ich war ziemlich rebellisch. Jedes Mal, wenn sie von mir verlangt haben, etwas zu tun, habe ich mich geweigert oder nach dem Grund gefragt. Jetzt höre ich meinen eigenen

Sohn jammern: „Warum muss ich das machen, Papa? Warum?"

Ich sagte ja bereits, dass die Eltern sich bemühen müssen zu kommunizieren, welche Regeln für das Zusammenleben gelten und warum sie notwendig sind.

„Mein Zuhause ist die physische Entsprechung meiner Psyche, und genauso ist es für jeden, der hier mit mir lebt. Es hängt von jedem, der hier lebt, ab, es zu einem schönen Platz zu machen, und wir alle müssen unseren Beitrag dazu leisten. Du hast nun einmal noch nicht so viel Lebenserfahrung um zu wissen, wie man dafür sorgt, dass niemand im Haus unglücklich ist. Deshalb muss ich es dir zeigen. Ich muss gewisse Regeln für unser Zuhause aufstellen. Ich werde dir so viel Freiheit wie möglich lassen, aber es gibt bestimmte Dinge, die hier nicht erlaubt sind, genauso wie es in der Welt Gesetze gibt, die bestimmte Dinge verbieten. Wenn du in der Welt die Gesetze nicht beachtest, wirst du bestraft, und wenn du unsere Regeln zu Hause nicht beachtest, wirst du auch bestraft. Als dein Vater bin ich dafür verantwortlich, dir das zu erklären."

Wenn einem Kind gesagt wird, welche Regeln gelten und warum sie gelten, dann muss es auch eine Strafe geben, wenn die Regeln gebrochen werden, was mit Sicherheit passieren wird, weil jedes Kind aus Erfahrungen lernen muss. Wenn die Strafe nicht erfolgt, dann ist keine Autorität im Haus.

Die Strafe wird am besten so bestimmt, dass man das Kind selbst sagen lässt, wie es bestraft werden soll. Wenn es alt genug ist, fragt man es einfach: „Was soll jetzt die Strafe dafür sein, was du getan hast?" Wenn man das Kind die Strafe selbst bestimmen lassen kann, ist es wirkliche Autorität und wirkliche Gerechtigkeit.

„Ich sehe ein, dass ich etwas falsch gemacht habe. Das stimmt. Na ja, ich glaube, dann sollte ich zwei Tage nicht fernsehen."

„Gut. So soll es sein. Dann wirst du jetzt zwei Tage nicht fernsehen."

In diesem Fall ist das Kind in der Lage, die Situation klar zu erkennen, weil die Eltern keine Vorwürfe und Anschuldigungen machen. Sie bestrafen es nicht auf der emotionalen Ebene. Aber ein Kind, das nicht gerecht behandelt wurde, wird nicht wissen, wie man gerecht ist und einer Situation gerecht wird. Deshalb weiß es dann nicht, wie es bestraft werden sollte.

Als Simon sechs war, begann er Autoritäten in Frage zu stellen, was jedes Kind tun muss. Er wollte nicht das tun, was man ihm sagte.

„Warum muss ich das machen, was du mir sagst?"

„Weil ich die Macht habe."

„Warum hast du die Macht?"

„Weil du noch nicht für dich selber sorgen kannst. Du hast kein Geld. Wenn du für Wohnen, dein Essen, den Strom oder deine Kleider nicht bezahlen kannst, kannst du nicht machen, was du willst. Und die Person, die das für dich bezahlt, hat die Macht, dir zu sagen, was du tun sollst.

Wenn du einmal arbeiten gehst und Geld verdienst, um selber für dich zu sorgen, dann kannst du tun, was du willst. Bis dahin habe ich die Macht. Und du musst das tun, was deine Mutter und ich dir sagen."

Simon ging für ein paar Minuten fort, kam dann aber mit gerunzelter Stirn wieder: „Barry, das ist nicht fair!"

„Doch, es ist fair, weil wir für dich bezahlen und für dich sorgen, bis du alt genug bist, um für dich selbst zu sorgen – bis du alt genug bist, dafür zu bezahlen, wie du es haben willst".

Wieder ging er fort, und ich fand ihn auf der Treppe sitzend, das Gesicht in den Händen vergraben.

„Na, Simon, was ist denn los? Worüber denkst du nach?"

„Dass ich weglaufen will."

„Oh. Aber wäre das nicht dumm? Es wird bald dunkel. Du brauchst etwas zu essen und einen Platz zum Schlafen. Außerdem lieben wir dich, und ich sage dir, dass du nicht weglaufen darfst."

Er wirkte ein wenig erleichtert, aber war immer noch störrisch: „Aber warum kann ich nicht machen, was ich will?"

„Ich habe es dir gesagt. Du hast noch nicht die Macht dazu. Solange du nicht für dich selber zahlen und für dich sorgen kannst, habe ich die Macht."

Schweigen.

Ich versuchte es noch einmal: „Sorgen wir denn nicht für dich?"

„Doch, wahrscheinlich schon."

„Lieben wir dich?"

„Ja."

„Gut... Irgendjemand hat immer die Macht, mein Sohn, sogar wenn du erwachsen bist. Immer gibt es jemanden mit Macht, der dich daran hindert, das zu tun, was du willst. So ist das im ganzen Leben, und an diese Tatsache wirst du dich immer erinnern müssen. Es wird immer irgendeine Autorität über dir geben, der du gehorchen musst. Wenn du das nicht akzeptierst, wird etwas passieren, was dich in Schwierigkeiten bringt.

Es gibt immer Gesetze, und wenn du ein Gesetz nicht beachtest, dann kannst du damit rechnen bestraft zu werden, weil es sehr wahrscheinlich ist, dass dich die Obrigkeit irgendwann erwischt. Es gibt ein Gesetz, wie man mit dem Auto auf der Straße fahren muss. Wenn du auf der falschen Seite fährst, kannst du mit einem anderen Auto zusammenstoßen, und dann kannst du bestraft werden und darfst vielleicht nicht mehr Auto fahren. Und wenn bei dem Zusammenstoß jemand stirbt, kannst du sogar ins Gefängnis kommen.

Ohne Gesetze würden sich die Leute ständig gegenseitig verletzen und umbringen. Polizisten sind dazu da, um das zu verhindern. Dazu haben sie die Macht. Oft brechen Leute auch das Gesetz und werden nicht erwischt. Du könntest vielleicht ungestraft davonkommen, vielleicht aber auch nicht. Deshalb musst du dich immer fragen: Will ich das riskieren? Und die Antwort darauf ist: Nein, eigentlich nicht, außer wenn es wirklich sehr nötig ist. Denn das Gesetz gibt der Polizei die Macht, meine Freiheit einzuschränken. Zunächst einmal haben aber die Eltern die

Macht, und in deinem Fall sind das deine Mutter oder ich. Da ich schon mehr Lebenserfahrung habe, weiß ich, was das Beste für dich ist. Du bist vielleicht manchmal anderer Meinung, aber letztendlich musst du akzeptieren, dass ich hier die Obrigkeit bin. Was ich sage, gilt.

Du weißt, dass ich dich liebe, und ich werde mich immer bemühen, ehrlich zu dir zu sein. Solange ich deine Liebe habe, ist das genug für mich, und ich brauche meine Autorität nicht auszuüben, außer meine Erfahrung sagt mir, dass es notwendig ist. Manchmal weißt du wegen deiner mangelnden Erfahrung nicht, was du verlangst, und dann muss ich einschreiten und Entscheidungen für dich treffen. Aber eigentlich muss ich die Macht nicht ausüben, solange jeder von uns Liebe zu unserem Zusammenleben beiträgt."

Du musst Autorität mit Bestimmtheit ausüben. Wenn du nicht weißt, was du tust, werden deine Kinder auch nicht wissen, was sie tun, und es wird eine gewisse Nachlässigkeit zwischen euch herrschen. Du musst so konsequent sein um zu vermitteln, dass du nicht locker lassen und resolut sein wirst (obwohl du niemals verbissen auf deiner Position beharren solltest, wenn sich die Situation ändert).

Um deinen Kindern richtige Autorität zu vermitteln, musst du wissen, dass dein Standpunkt richtig ist, selbst wenn es dir in der Seele weh tut, dass du ihnen etwas verweigern musst, was sie so sehr wollen. Um ihnen die richtige psychologische Basis für das Leben zu geben, musst du dich bemühen zu kommunizieren, dass deine Autorität gerecht ist, und deinen Kindern zeigen, wie man sie richtig einsetzt. Sie werden es dir nachmachen und von dir lernen.

Eltern müssen dem Kind gegenüber Autorität ausüben, und dabei muss Gerechtigkeit nicht nur angewendet, sondern von dem Kind auch gesehen und verstanden werden. Gerechte Eltern müssen herrschen wie jene guten Könige und Königinnen in früheren Zeiten, die ihr Königreich noch wirklich beherrschten. Manchmal mussten sie die Bestrafung eines ihrer geliebten Untertanen anordnen, der das Gesetz gebrochen hatte. Wenn du vor einer schwierigen Situation stehst und gerecht sein musst, ist es oft nicht gut, die Situation aus dem Sessel der modernen Gesellschaft zu beurteilen, die nur so strotzt von „befreiten" Ansichten, was nun am besten zu tun sei oder auch nicht.

Wie immer du dich verhältst – eine bestimmte Verhaltensweise prägt sich dem Kind ein. Jedes Gehirn wird programmiert; und diese Programmierung ist eine unvermeidliche Funktion der Kindererziehung. Es ist besser, wenn diese von der Liebe der Eltern für Wahrheit und Fairness bestimmt wird als von irgendeinem religiösen Moralkodex, den das Kind später im Leben niemals erfüllen können wird und der deshalb Verwirrung, Schuldgefühle und Unsicherheit bewirken wird.

Beide Eltern müssen der Situation gerecht werden und sich ihr gemeinsam stellen. Wenn das Kind bestraft werden soll, müssen sich beide Eltern einig sein. Sie dürfen sich nicht gegenseitig widersprechen, und keiner darf weich werden. Wir sind alle menschlich und werden manchmal von Emotionen überwältigt, aber solange wir uns als Partner einig sind, werden wir das Kind nicht betrügen. Wenn wir einander widersprechen, während wir Autorität ausüben, wird das Kind verwirrt, unglücklich und hinterhältig werden.

Ich schlage vor, dass ihr als Eltern eine Vereinbarung abschließt: „Wir halten in dieser Sache zusammen. Wir dürfen einander vor dem Kind nicht widersprechen. Wenn wir das jemals tun sollten, bedeutet es, dass zwischen uns etwas unklar ist. Wenn ein Konflikt zwischen uns entsteht, wird einer von uns sofort aufhören und dafür sorgen, dass wir uns zusammensetzen und die Sache klären. Erst dann können wir mit dem Kind umgehen."

Möchtet ihr etwa eure Uneinigkeit vor einem Wesen ausbreiten, dessen Bewusstsein noch in der Entwicklung ist? Natürlich nicht, aber es wird unvermeidlich sein, und ab und zu können uns Kinder in den Wahnsinn treiben. Aber als Eltern, die sich bewusst bemühen gerecht zu handeln, werdet ihr die Dinge so bald wie möglich klären. Und ihr werdet entdecken, wie wunderbar es ist, diese Bemühung gemeinsam zu unternehmen.

„Wir sind uns darüber einig, dass wir gemeinsam vor der Situation stehen, dieses Kind aufzuziehen. Wir sind uns einig: Wenn einer von uns abwesend ist und der andere das Kind straft oder maßregelt, werden wir uns gegenseitig unterstützen. Wenn nötig, können wir darüber reden, wenn das Kind nicht im Raum ist."

Wenn es um die Erziehung von Simon ging, unterstützten Kathy und ich uns immer gegenseitig. Da wir beide danach strebten, in der Wahrheit zu leben, fiel es uns leicht, im Umgang mit ihm einmütig zu sein. Als ich eines Tages nach Hause kam, hörte ich laute Stimmen. Kathy schimpfte Simon aus, weil er seine Plakatfarben auf dem Schlafzimmerteppich verschüttet hatte. Sie war ziemlich aufgebracht, weil er es schon einmal gemacht hatte. Es war ihm gesagt worden, dass er nicht im Schlafzimmer malen darf, sondern nur an seinem Schreibtisch oder in der Küche. Er war den Tränen nahe.

Als ich ins Zimmer kann, schaute er mich mit jämmerlichem Blick Mitleid heischend an. Kinder sind – ebenso wie wir alle – Überlebenskünstler; wenn wir in der Klemme sitzen, suchen wir immer nach einem schnellen Ausweg. Er appellierte an mich, dass meine Liebe zu ihm stärker sein möge als meine Gerechtigkeitsliebe. Aber das zog nicht. Meine Liebe zu ihm hätte ihn aus der Situation gerettet, die dazu da war, damit er sich ihr stellte. Er probierte den alten Trick „teile und herrsche“ aus, und das hätte die Autorität seiner Mutter untergraben. Gerechtigkeit geht vor.

„Was ist los?“, fragte ich, und sie erzählten es mir. Ich sagte zu Simon: „Versuche nicht von mir Mitleid zu bekommen. Dein Verhalten kann nicht akzeptiert werden. Deine Mutter maßregelt dich und erklärt dir auch, warum. Jetzt höre ihr aufmerksam zu.“

Ab und zu übertrieb es Kathy aus schierer Verzweiflung,

wie es Eltern eben manchmal geht. Sie verpasste ihm Strafen oder eine Art von Entzug, die eigentlich über das Maß hinausgingen, bei dem sie oder ich oder das ganze Haus sich noch wohl fühlten.

„Simon, ich habe dir gesagt, du sollst das nicht tun, und was hast du jetzt gemacht? Ich habe dich gewarnt, und jetzt werde ich dich bestrafen. Du darfst eine ganze Woche lang nicht fernsehen."

Ich riet Kathy immer, nicht zu extreme Strafen zu verhängen, zum Beispiel zwei Tage ohne Fernsehen, aber nicht „eine Woche". Bei einer Strafe geht es um ihre Wirkung; die Botschaft muss wirklich ankommen. Wenn sie zu lange dauert, geht die Botschaft verloren, weil es zu verletzend ist.

Manchmal muss man sehr klar und standhaft bleiben. „Nein, du darfst nicht zu der Geburtstagsparty. Das ist deine Strafe, und ich werde meine Meinung nicht ändern."

Und manchmal ist es besser, ein bisschen Spielraum zu lassen: „Ich zweifle, ob ich dir erlauben werde, am Samstag zu der Party zu gehen. Ich werde es dich wissen lassen, aber im Moment würde ich lieber deine Freunde anrufen und sagen, dass du nicht kommst. Wenn sich dein Verhalten in den nächsten Tagen ändert – und ich sehe, dass du mir wirklich zugehört hast –, dann erlaube ich es dir vielleicht doch."

Wenn sich das Verhalten nicht verbessert, musst du konsequent bleiben. Es ist sehr wichtig, dass du das, was du zu tun ankündigst, auch wirklich tust. Kinder werden keinen Respekt vor dir oder vor sich selbst haben, wenn du es nicht tust oder wenn du zögerst.

Wenn ein Elternteil manchmal ungerecht ist (und wir müssen akzeptieren, dass dies geschehen wird), kann man es korrigieren. Er oder sie sollte vom Partner unter vier Augen darauf hingewiesen werden und kann sich dann bei dem Kind entschuldigen.

Dies ist ein Beweis von Ehrlichkeit, den das Kind schätzen und sich merken wird. Diese Art von Ehrlichkeit wird die Autorität nicht verringern sondern sogar verstärken.

Als Kathy zum Beispiel Simon auf sein Zimmer schickte und ihn zu „einer Woche ohne Fernsehen" verurteilte, hatten wir ungefähr folgendes Gespräch:

„Kathy, wir müssen darüber reden, was gerade passiert ist. Mir scheint, du warst ein bisschen zu hart."

„Ach, du weißt ja, wie es ist. In dem Moment habe ich es wohl übertrieben."

„Na gut, dann schauen wir mal, wie wir das wieder hinkriegen."

Wir gingen zusammen in Simons Zimmer, und ich sagte: „Deine Mutter hat mir gerade erzählt, was passiert ist. Und sie hat mir gesagt, wie du deine Strafe akzeptiert hast. Wir haben darüber geredet, und weil du dich über die Strafe, die du bekommen hast, nicht beschwert hast, sondern deine Liebe gezeigt hast, indem du nicht reagiert hast, haben deine Mutter und ich beschlossen, deine Strafe zu erleichtern. Du hast gezeigt, dass du ein junger Mann bist, der sich richtig benehmen kann. Deshalb können wir es dir ein wenig leichter machen."

Die Gerechtigkeit ist wiederhergestellt, wenn die Partner ein gemeinsames Ziel haben, nämlich das Kind in jedem

Moment richtig zu erziehen. Es geht nicht darum, dass das Kind irgendeiner Sache getreu sein muss, sondern dem Leben getreu und wahrhaftig ist. Das bedeutet, dass es in jeder Situation erkennt, was richtig ist, und zu dem heranwächst, was wir einen wahren Mann oder eine wahre Frau nennen.

Ich stelle fest, dass viele Eltern nicht wissen, warum es manchmal nötig ist, einem Kind einen Klaps zu geben. Manche sind damit überhaupt nicht einverstanden und andere, die ihren Kindern ab und zu Schläge geben, sind betroffen, dass sie es tun müssen. Das liegt daran, dass sie den Grund dafür nicht kennen.

Gibt man Kindern einen Klaps, bringt man sie in den Körper zurück. Wenn sie eigensinnig, wütend oder trotzig sind, versuchen sie, aus ihrem Körper herauszukommen. Man braucht ihnen nur einen Schlag auf die Beine zu geben. Der kurze Schmerz bringt sie wieder in ihren Körper, und man kann mit ihnen reden. Deshalb muss man Kindern manchmal Schläge geben. Oder habt ihr etwa geglaubt, man müsse sie schlagen, um sie zu bestrafen?

Unser menschlicher Verstand sieht die Dinge immer aus der falschen Perspektive. Niemand ist in seinem Körper. Es gibt nur einen Grund, warum jemand in dem spirituellen Prozess auf dem Weg zu Gott leidet: um wieder in seinen Körper zurückzukommen. Deshalb bekommen wir alle auf diese oder jene Weise Schläge vom Leben oder von Gott.

Die meisten Eltern sind ihren Kindern gegenüber sentimental, sogar diejenigen, die ihr Leben der Wahrheit widmen. Das Herz ist sentimental, aber auf dem Weg zu Wahrheit muss das Herz von seinen süßen Erinnerungen und den bitteren Schmerzen gereinigt werden. Wir müssen aus unserem sentimentalen Herzen – aus unseren Verhaftungen – heraus und voll und ganz in unseren Körper hinein kommen. Wenn du voll und ganz in deinem Körper bist und dort auch bleiben kannst, dann wirst du nie mehr emotionale Schmerzen leiden. Das Leben braucht dir dann keine Schläge mehr zu geben. Sobald das Kind wieder in seinem Körper ist, sollte man sofort aufhören zu schlagen. Es hat seinen Zweck erfüllt. Wenn ein Kind oft in seinem Körper ist, dann braucht man ihm überhaupt keinen Schlag mehr zu geben, sondern kann direkt mit ihm kommunizieren: „Ich sehe, dass du eigensinnig und unglücklich bist. Was willst du jetzt damit machen? So ist es richtig. Gib es auf!"

Wenn du mit Kindern genauso umgehst wie mit dir selbst in der Wahrheit, werden sie beginnen sich entsprechend zu verhalten und verantwortlich dafür zu sein, wenn sie unglücklich sind. Dann werden sie in der Lage sein, sich schneller davon zu befreien. Es gibt nur einen Grund, warum irgendjemand von uns überhaupt leidet: Niemand hat uns beigebracht, wie man es aufgibt zu leiden. Man hat uns nie beigebracht, dass wir dafür verantwortlich sind, wenn wir unglücklich sind – oder auch dafür, wenn wir es nicht sind, was ich „das Gute" nenne. Es ist doch sehr viel gerechter und richtiger, Kindern beizubringen, wie sie mit ihrem eigenen Leiden gleich zu Beginn umgehen können.

„Wie du weißt, gilt in unserem Haus folgende Regel: Wenn eine oder einer von uns unglücklich ist, geben wir unser Bestes, um damit fertig zu werden. Wir sagen, woran es liegt. Wenn man irgendetwas tun kann, um das Problem zu lösen, werden wir es nach Möglichkeit tun. Wenn nicht, müssen wir aufhören deswegen unglücklich zu sein. Also, weißt du denn, warum du unglücklich bist?"

„Ja."

„Gibt es etwas, was man gegen das Problem unternehmen kann?"

„Im Moment nicht."

„Wo fühlst du es?"

„In meinem Bauch."

„Wie fühlt es sich an?"

„Ekelhaft."

„Okay, es ist also da. Du kannst es in dir spüren. Du kannst es eingrenzen und damit umgehen. Es fühlt sich vielleicht schlecht an, aber solange es so ist, musst du dich dem Schmerz stellen. Weißt du das?"

„Ja."

„Gut. Und du scheinst damit umgehen zu können, oder?"

„Ja, es … geht so, glaube ich."

„Ach komm! ‚Es geht so' reicht aber nicht, oder? Los, gib es auf!"

„Aber das kann ich nicht!"

„Okay. Dann lass es so sein und spüre gleichzeitig in deinem Körper, was gut ist. Das Leben ist doch gut, oder?"

„Oh ja!“

Ein Lächeln, und allmählich hebt sich die düstere Stimmung. Je länger man unglücklich bleibt, desto schmerzhafter ist es und desto länger braucht man, um es zu ändern. Je mehr ich jedoch die Tatsache akzeptiere, dass mein Leiden in meinem Körper ist und nirgendwo anders, und – auch wenn es schmerzhaft ist – die Empfindung meines Körpers als Ganzes etwas Gutes ist, dann kann ich mich umso schneller davon befreien.

Wenn ihr den Kindern vom frühesten Alter an das „Schweinchen raus“-Prinzip beibringt, wird es ihnen später viel leichter fallen auf diese Weise damit umzugehen, wenn sie unglücklich sind. Aber ihr müsst wachsam bleiben, weil sich das Unglück immer wieder heimtückisch bei ihnen einschleichen kann. Erinnert sie ständig an die erste Regel des Zusammenlebens: Nicht unglücklich sein.

Es ist eine ganz andere Lebensweise, die ich hier vorschlage: Eine Welt, in der ich von dem Moment an, in dem ich geboren werde, für mein Leben verantwortlich bin.

Mutter: Unser kleiner Sohn beginnt gerade herumzukrabbeln. Er geht in die Regale, klettert in den Kühlschrank, zieht alles heraus und schmeißt es auf den Boden. Er ist noch nicht alt genug um zu verstehen, dass er das nicht tun darf. Wir versuchen, ihm die Grenzen zu zeigen, wie weit er gehen darf, aber scheinbar muss er ständig die Schranken brechen. Ich habe Angst, dass er sich früher oder später verletzen wird. Er ist eigentlich intelligent und weiß, dass er es nicht darf. Aber er tut es trotzdem.

Es gibt eine Phase des Experimentierens, in der Kleinkinder mit allem, was im Haus ist, spielen, und man muss sie ständig im Auge behalten. Du musst es ihn ein paar Mal machen lassen und akzeptieren, was passiert. Das ist eine der Situationen, die zum Vater- oder Muttersein dazugehört. Wie gehst du damit um?

Mutter: Ich bleibe so lange geduldig, wie ich kann. Manchmal werde ich ärgerlich. Ich versuche, nicht wütend zu werden und ihn nicht anzuschreien. Meistens gehe ich zu ihm hin und hole ihn von den Schränken weg und sage: „Nein!" Was kann ich sonst tun?

Ich schlage vor, du ermutigst ihn, mit seinem Spielzeug zu spielen anstatt mit den Sachen im Kühlschrank. Aber du musst die Tatsache anerkennen, dass er die Welt erforschen und experimentieren will. Irgendwann wird er den Fernseher einschalten, nicht wahr? Auch wenn es ihm nicht erlaubt ist.

Mutter: Zum Glück ist er noch nicht groß genug dafür.

Nun, wenn er dann so weit ist, bringst du ihn zum Fernseher und zeigst ihm, wie es geht. „Jetzt schalten wir den Fernseher ein. Ich zeige dir, wie man ihn anschaltet. Jetzt drücken wir hier auf diesen Knopf."

Zeige es ihm wie ein Spiel. Lass es ihn ein paar Mal unter deiner Aufsicht machen, und dann lass ihn den Fernseher einschalten, wenn du fernsehen willst. „Wo bist du, mein Sohn? Komm bitte her und schalte bitte den Fernseher an. Ja, so ist es richtig. Das ist der richtige Knopf."

Wahrscheinlich muss er jeden Knopf mal ausprobieren, aber dann wird er sich daran gewöhnen, den richtigen Knopf zu bedienen.

Mutter: Und was soll ich tun, wenn er Sachen kaputt macht?

Er muss experimentieren, und es wird zwanglaufig Ärger geben. Du kannst ihm sagen, er soll versuchen, nichts im Haus kaputt zu machen, und du kannst ihm Spielsachen geben, mit denen er stattdessen experimentieren soll.

„Ich möchte, dass du mit den Sachen im Haus vorsichtig bist. Spiele lieber mit deinen Spielsachen, und wenn du etwas kaputt machst, dann mache diese kaputt. Aber mache sie nicht absichtlich kaputt, sonst kannst du nicht mehr damit spielen. Es wäre doch schade, wenn die Sachen kaputt sind und du nicht mehr damit spielen kannst."

Wenn etwas kaputt geht – was unvermeidlich ist – ist es eine gute Gelegenheit, mehr Verantwortung zu lernen.

„Hör auf zu weinen und komm her. Es ist kaputt. Ich weiß, dass du gerne damit gespielt hast und es gerne wieder hättest, aber jetzt hast du es kaputt gemacht, siehst du das? Wenn du etwas kaputt machst, kannst du es nicht wieder bekommen, außer in diesem kaputten Zustand."

Auf diese Weise lernt er, dass es besser ist, nichts kaputt zu machen: „Wenn du gerne hämmerst, dann nimm doch den Gummihammer, den ich dir gegeben habe, und haue damit auf diese Holzklötze. Auf denen kann man rumhämmern.“

Man sollte sich bemühen angemessen zu handeln, ohne zu streng zu sein.

Vater: Barry, manchmal kann man ein Kind nur erreichen, wenn man es anschreit und wütend wird. Gibt es so etwas wie einen „gerechten Zorn“?

Nein. Aber in manchen Situationen steigt eine Kraft in einem auf, die man als „gerechten Zorn“ bezeichnen kann. Wut zeichnet sich dadurch aus, dass man damit verhaftet ist. Wenn also eine Situation diese Kraft oder den „gerechten Zorn“ hervorruft, muss ich in der Lage sein, sie jeden Moment loszulassen – je nach dem, was die Situation erfordert. Ich muss zum Beispiel ein Kind ausschimpfen und verlange von ihm aufzustehen. Wenn es dann seinen Stuhl zurückschiebt, dabei stolpert und in Gefahr ist hinzufallen, muss ich sofort in der Lage sein, der Situation angemessen zu handeln: „Vorsicht! Ist alles in Ordnung? Halt dich fest. Gut so.“ Und dann kann ich weitermachen und wieder „richtig wütend“ sein. Damit würde man demonstrieren, dass man mit der Wut und ihrer Kraft nicht verhaftet ist.

Allerdings sollten wir uns immer auf die wichtigste Frage selbst beziehen. In welchem Fall wärst du denn wütend auf dein Kind?

Vater: Na ja, ich würde sagen, besonders dann, wenn ich das Gefühl habe, dass meine Autorität bedroht ist.

Normalerweise ist das der Fall, wenn du dich von den Emotionen des Kindes manipulieren lässt und damit nicht umgehen kannst. Die Emotionen sind so schlüpfrig, dass du sie nicht zu fassen bekommst. Also wirst du energisch und wütend.

Dann kannst du dich nur noch darum bemühen, nicht mit deiner Wut verhaftet zu sein, nicht identifiziert zu sein. Und – wie immer – solltest du natürlich versuchen herauszufinden, was das Kind will. „Was willst du, was dich dazu bringt, dich so zu verhalten? Was willst du eigentlich?"

Die Emotion weiß nicht, was sie will, außer dass sie wütend, fordernd oder manipulativ sein will. Das Kind, welches davon besessen ist, weiß es also auch nicht. Aber mit Weisheit und Liebe und indem du mit dem Kind so sprichst, wie ich mit dir, bringst du ihm schließlich Verantwortung bei.

Mutter: Was würdest du mir raten, wie ich mit einer Situation, in der ich gestern war, umgehen soll? Meine Kinder haben etwas getan, was mich wütend machte, und ich hatte das Gefühl, ihnen wirklich heftige Vorwürfe machen zu müssen. Darüber haben sie sich furchtbar aufgeregt, und infolgedessen bin ich seitdem ganz durcheinander.

Zunächst einmal solltest du nicht vergessen, dass es immer Situationen gibt, in denen du energisch sein musst. Früher oder später steht jeder irgendwann im Leben vor der Situation, wo man energisch protestieren oder auftreten muss, und das ist besonders mit Kindern der Fall. Du kannst dabei sehr wütend aussehen oder sie anpacken, sich hinsetzen lassen und heftig auf sie einreden – und das kann ihnen ziemliche Angst einjagen.

Kinder sind oft so erregt oder emotional, dass sie unzugänglich für das sind, was du sagst. Sie werden von ihrem eigenen Schwung so in Fahrt gebracht, dass man nur Eines tun kann: Du musst sie in ihrer Fahrt aufhalten und ihre Unzugänglichkeit durchdringen. Du musst sie plötzlich wieder zur Vernunft bringen. Dafür muss man energisch, aber diszipliniert handeln. Du kannst auf intelligente Art mit ihnen darüber reden, warum du jetzt so energisch bist.

„Ich bin im Moment sehr, sehr heftig. Aber ich bin nicht wütend, weil ich nicht daran hänge, was ich sage. Ich rede jetzt so mit euch, um euch zu bremsen, weil ihr wie ein D-Zug in Fahrt seid mit eurem Ungehorsam und euer Aufregung. Ihr wisst ja, wie schwer es ist einen Zug anzuhalten, wenn er mal fährt. Ich musste eine Art Stahlpuffer am Ende des Gleises benutzen, um euren Zug anzuhalten, denn ihr seid wissentlich ungehorsam gewesen. Aber jetzt haben wir den Zug angehalten. Also könnt ihr mich jetzt hören, und deshalb brauche ich nicht mehr so heftig zu sein. Jetzt können wir es klären.

Ihr müsst tun, was euch gesagt wird, obwohl ihr es mir natürlich immer sagen könnt, wenn ihr etwas anderes tun wollt. Aber ihr müsst akzeptieren, dass ihr es nicht tun dürft, wenn ich Nein sage. Ich habe hier das Sagen. Aber ich werde alles tun, was mir möglich ist, um euch zu geben, was ihr braucht. Lasst uns also alle wieder aufhören mit Volldampf zu fahren. Lasst uns wieder liebevoll miteinander sein. Kommt her, damit ich euch umarmen kann."

Wir müssen der Tatsache ins Auge sehen, dass wir manchmal dazu getrieben werden stärkere Methoden anzuwenden. Aber Wut wird nur dann wütend, wenn man darüber nachdenkt. Merkt euch: Wütend sein bedeutet an der Wut zu hängen. Wenn du sagst: „Ich bin seitdem ganz durcheinander", heißt das, dass du darüber nachgedacht hast und wahrscheinlich Schuldgefühle hast. Du kannst mit der Situation nur umgehen, indem du direkt mit dem Kind in dem Moment darüber redest. Bringe es offen auf den Tisch und kläre es.

Mach dir keine Vorwürfe, bloß weil du glaubst, Jesus sei nicht wütend geworden oder weil dir irgendein Psychologe gesagt hat, du sollst dein Kind nicht anschreien. Tatsache ist, dass du manchmal stärkere Methoden anwenden musst. Aber bleibe nicht an der Emotion kontinuierlich hängen.

Du kannst zum Beispiel nach zwanzig Minuten sagen: „Komm her und setz dich zu mir, lass uns reden. Ich will dir nur sagen, dass bei mir von dem, was gerade zwischen uns passiert ist, nichts mehr da ist. Und ich vertraue darauf, dass bei dir auch nichts ist, weil wir uns lieb haben. Gibt es noch ein Problem? Nein? Gut."

Da deine Liebe für das Kind die ganze Zeit dabei war, wird es nicht mehr verletzt sein und du wirst es hinterher nicht bereuen. Du solltest kein schlechtes Gewissen haben, denn das macht dir Schuldgefühle. Die Schuld haftet an vergangene Zeiten, in denen du Schuldgefühle hattest, und dann wirst du sie nicht mehr los.

Mutter: Wenn Ben sich aufregt oder emotional wird, dann dauert es oft eine Weile, bis wir ihn beruhigen können. Er kann furchtbar unglücklich werden, wenn wir ihn daran hindern, das zu tun, was er will. Wir müssen mit dem, was wir gerade tun, aufhören, um bei ihm zu sein und uns mit seinem emotionalen Verhalten zu befassen. Problematisch ist, dass wir, je länger es geht, desto stärker an uns selbst zweifeln, weil wir dann anfangen zu glauben, dass wir ungerecht sind. Aber dann sind seine Emotionen plötzlich verschwunden. Er ist frei davon und wieder ganz süß.

Ihr solltet keine Rücksicht auf euch selbst nehmen. Euer Selbst möchte ihn bemitleiden und beginnt zu zweifeln. Er sieht so süß und unschuldig aus, und man hört sich selbst sagen: „Oh je, wie kann ich ihm das antun? Bin ich nicht zu hart?“ Aber ihr solltet nach innen schauen: Seid ihr wirklich ungerecht? Oder tut ihr einfach, was getan werden muss? Als Partner müsst ihr euch gegenseitig unterstützen und ohne Rücksicht auf eure Gefühle nur das tun, was richtig ist.

Jeder von uns nimmt Rücksicht auf die anderen. In Wahrheit basiert Rücksicht immer auf Emotionen – sie ist eine Forderung, die an die Situation gestellt wird, aufgrund von Gefühlen, die durch vergangene Erfahrungen geprägt sind.

Rücksicht sollte es eigentlich nicht geben. Aber dieses Leben ist voller menschlicher Gefühle und Kompromisse. Die Gefühle werden immer da sein, doch wir können uns von der Situation leiten lassen um die Gefühle zu reduzieren, so dass unsere Handlungen in Gerechtigkeit und Wahrheit nicht durch Rücksicht auf unser Selbst beeinträchtigt werden.

Mutter: Wir haben eine Regel, und zwar dass Ben nicht bekommt, was er will, bis er aufhört es zu fordern. Wir versuchen auch ihm beizubringen, dass er das, was er will, vielleicht bekommt oder auch nicht (je nach dem, was es ist), weil es uns manchmal gar nicht möglich ist, es ihm dann zu geben, wenn er es will. Es kann ja gerade zuerst einmal etwas anderes dran sein.

So ist es. Manche Dinge kann man nicht tun, weil etwas anderes noch nicht geschehen ist. Also zeigt ihr ihm das und erklärt ihm, was ihr tut und warum, Schritt für Schritt, so dass ihm nichts plötzlich aufgezwungen wird. Auf diese Weise helft ihr ihm, ehrlich zu sein und einen Sinn für Gerechtigkeit zu entwickeln.

Vater: Ich scheine nicht in der Lage zu sein, den Eigensinn meines Sohns in Griff zu bekommen. Er rennt immer herum und ist so aufgeregt; dass ich ihn nicht aufhalten kann. Er hört nicht auf mich. Wir haben eigentlich eine gute Beziehung. Ich verbringe viel Zeit mit ihm und spiele oft mit ihm. Deshalb glaube ich nicht, dass es eine Reaktion gegen mich ist.

Es ist gut mit ihm zu spielen, aber gib beim Spielen deine Autorität nicht auf. Mit anderen Worten: Werde nicht selbst wie ein Kind. Ihr seid Vater und Sohn; das darf er nicht vergessen. Wenn die Spiele vorbei sind und wenn er einmal ruhig ist, dann setze dich mit ihm hin und sprich mit ihm als Vater. Wähle einen Moment, wenn du selbst auch ruhig bist. Schau ihm in die Augen und sprich mit ihm über irgendetwas, worüber er gerade sprechen will. Aber sprich wirklich als Vater zu ihm, dann bekommt er ein Gefühl dafür, was „Vater" bedeutet

Mutter: Eines der größten Probleme bei meinen Kindern ist die Rivalität unter den Geschwistern. Sie sind nicht zu bändigen und konkurrieren und kämpfen gegeneinander, und es fällt mir ziemlich schwer, in ihrer Nähe zu sein, wenn sie streiten. Kann ich sie es einfach selber bereinigen lassen?

Nein, sie brauchen Führung. Du hast in deinem Leben Erfahrungen gemacht, und diese Erfahrungen geben dir einen Vorsprung an Weisheit. Die Erfahrungen hast du gemacht, damit du deine Weisheit deinen Kindern vermittelst und sie anleitest, denn das fehlt ihnen. Du musst die Regeln festlegen und dich daran halten. Du musst ihnen erklären, warum Regeln notwendig sind, und dass sie zur Harmonie im Haus beitragen sollen anstatt Missstimmung zu verbreiten, weil ihr alle zusammenlebt.

Wie gesagt, gelten die Regeln für jeden im Haus, das heißt, du musst sie selbst auch befolgen, nicht nur dann, wenn es dir in den Kram passt. In diesem Fall schlage ich vor, dass du deine Kinder anleitest, indem du ihnen erklärst, welche Regeln für euch als Eltern und Partner gelten.

„Wir versuchen, nicht miteinander zu streiten und uns nicht gegenseitig zu beschuldigen oder Vorwürfe zu machen. Wenn wir also plötzlich merken, dass wir einen Streit anfangen, dann hören wir auf und fragen uns gegenseitig, warum wir streiten. Das ist unsere Regel. Dann befassen wir uns mit dem Problem, bis es nicht mehr zwischen uns steht."

Das kann auch für die Kinder zu einer Regel des Zusammenlebens werden, sofern sie schon alt genug sind, diese Anleitung zu verstehen. Wenn sie also anfangen zu kämpfen, kannst du als Schiedsrichter dazwischentreten, „Stopp!" rufen und sie an die Spielregeln erinnern. Je besser du sie angeleitet hast, desto unwahrscheinlicher ist es, dass sie sich dann weiter zanken. Da sich ihre Intelligenz in der Entwicklung befindet, werden sie auf deine Direktheit reagieren. Und dann kannst du die Situation ansprechen: „Worüber habt ihr denn gestritten? Wer war dran? Wer war hier nicht ehrlich?"

Wenn die Tatsachen auf den Tisch kommen, müssen die Eltern als Richter auftreten. Ihr müsst der Ansprechpartner für die Kinder sein, wenn es um die Wahrheit geht. Sie müssen in der Lage sein, euch als Bezugspunkt für Gerechtigkeit und Ehrlichkeit zu sehen. Sie müssen wissen, dass ihr euch immer darum bemüht, gerecht und fair zu sein, aber dass ihr auch das letzte Wort habt. Durch eure Führung und indem ihr es ihnen demonstriert, müssen eure Kinder lernen, dass sie selbst nicht die Autorität im Haus haben und akzeptieren müssen, dass das, was ihr sagt, für diesen Moment auch gilt. Sie müssen wissen, dass sie euch anvertraut sind, um von euch so gut wie möglich erzogen zu werden, und dass ihr dies auch tut.

Vergiss nicht, dass es auf dieser unvollkommenen Welt keine Perfektion gibt. Es wird Streit unter den Kindern geben. Kannst du mir ein Beispiel geben, in welcher Situation sie sich zanken würden?

Mutter: Sie streiten sich oft darüber, welches Fernsehprogramm laufen soll. Und der Kleinste, der erst vier ist, fängt an sich mit seiner Schwester zu zanken, wenn er glaubt, dass sie zu viel Aufmerksamkeit von uns bekommt.

Jedes Kind hat natürlich seine ganz eigenen und besonderen Interessengebiete, und das muss gesehen werden. Der Kleinste, der Junge, orientiert sich mehr an sich selbst und ist deshalb selbstsüchtiger, wegen seines Alters. Ihm muss vermittelt werden, dass er sein Zuhause mit allen anderen teilt und er deshalb nicht das Recht hat einfach zu tun, was ihm gefällt. Die Regel lautet also, dass er den Fernseher mit seiner Schwester teilen muss. Das muss klar sein, bevor die Rivalitätskämpfe ausbrechen. Ihr müsst vorher festlegen, welche Sendungen er sehen darf und welche nicht, weil seine Schwester dann etwas anderes sehen will.

Ihr müsst ihm auch klar machen, dass er nicht versuchen darf eure Aufmerksamkeit zu bekommen, wenn seine Schwester sie von euch braucht. Ihr müsst ihm sagen, dass er lieblos und selbstsüchtig ist, wenn er das tut.

„Wir haben dich lieb und werden dir immer Aufmerksamkeit geben, wenn du sie brauchst, aber du darfst es nicht von uns fordern, denn deine Schwester gehört genauso zu dieser Familie."

Dasselbe müsst ihr auch zu eurer Tochter sagen, so dass es zu einer Regel des Zusammenlebens wird.

Mutter: Eine Sache auf die ich bestehe ist, dass die Kinder ihre Spielsachen selber wegräumen. Was meinst du dazu?

Die Spielsachen wegzuräumen sollte für die Kinder Routine und keine Anstrengung sein. Du musst allerdings darauf bestehen, dass sie es nicht nachlässig oder halbherzig machen. Das sollte man nicht einreißen lassen und sich nur dann darüber aufregen, wenn Gäste kommen. Es verwirrt ein Kind, wenn die Eltern nicht konsequent sind.

Ich würde es zu einer Regel des Zusammenlebens machen: „Ihr müsst euer Spielzeug aufräumen, nachdem ihr damit gespielt habt. Ihr habt Spielsachen um damit zu spielen, und es ist eure Sache sich darum zu kümmern. Wenn ihr spielen wollt, geht ihr ja auch hin und holt sie euch irgendwo, oder? Woher holt ihr sie? Von da drüben – richtig. Gut, und wenn ihr mit Spielen fertig seid, müsst ihr sie an denselben Platz zurückbringen. Und am Ende von jedem Tag räumt ihr auf. Das ist die Regel."

Mutter: Ich versuche, die Kinder zu ermutigen, im Haus mitzuhelfen, ihr Bett selber zu machen und sauber zu machen, was sie benutzt haben. Es ist manchmal ein Kampf, sie zur Mitarbeit zu bewegen. Hast du Tipps, wie man ihnen erklärt, dass diese Dinge notwendig sind?

Ja. Ich würde Folgendes sagen: „Ihr lebt in diesem Haus und lernt dadurch, auch in der Welt zu leben. Und das geht so: Ihr müsst bestimmte Arbeiten verrichten, wie wir alle. Wir alle müssen unsere Arbeit machen. Ihr wollt hier leben, und deshalb müsst ihr auch arbeiten. So ist es auf dieser Welt. Jeder muss arbeiten. Es gilt nicht zu sagen: ‚Ach nein, das will ich nicht machen!' So einen Unsinn möchte ich von keinem von euch mehr hören. Ihr müsst euren Beitrag zu unserem Zuhause leisten, genauso wie ich meinen leiste. Ihr übernehmt euren Teil der Verantwortung und macht selbst euer Bett. Wenn nicht, werde ich vorschlagen, ihr sollt morgens ein bisschen früher aufstehen und noch einen Teil von meinen Arbeiten übernehmen. Ich muss diese Dinge tun und sage ja auch nicht: ‚Ach nein, ich will das nicht machen …', denn sie gehören zu meinem Beitrag zu unserem Zuhause. Ihr habt also die Wahl. Wollt ihr zusätzlich zu euren Jobs auch noch meine machen? Oder hört ihr mit dem Unsinn jetzt auf?"

Wenn ihr eure Kinder zu sehr verwöhnt und sie nicht verantwortlich für ihr Leben macht, werden sie euch irgendwann unglücklich machen – ganz egal, wie sehr ihr sie liebt.

Ihr müsst früh anfangen, ihnen Verantwortung beizubringen, solange sie noch klein sind. Wenn sie einmal Teenager sind, ist es zu spät. Sie werden keinen Respekt mehr vor euch haben. Dann wollen sie nur noch weg von euch. Und wenn sie dann schließlich ausgezogen sind, werden sie nicht mehr zu Besuch kommen wollen, außer wenn sie ab und zu mal ein bisschen Aufregung schüren wollen, weil ihnen langweilig ist. Sie werden nicht in der Lage sein, sich mit euch hinzusetzen und liebevoll zu sein. Sie werden keinen Respekt vor euch haben, da ihr auch keinen vor ihnen hattet. Hättet ihr Respekt vor ihnen gehabt, hättet ihr sie auf die richtige Weise geliebt und ihnen Verantwortung beigebracht. Es ist ein Privileg, ein Kind auf diese Welt zu setzen. Um aber ein Kind mit Liebe aufzuziehen, muss man für die Liebe Verantwortung übernehmen. Dass es heute auch in den westlichen Ländern viele Straßenkinder gibt, liegt daran, dass ihre Eltern nicht gelernt haben zu lieben. Sonst würden sie auch wissen, wie man Verantwortung für seine Kinder übernimmt.

Mutter: Meine Tochter ist jetzt mit neun Jahren in dem Alter, wo sie oft weggehen und mit anderen Kindern zusammen sein will. Sie genießt das sehr und braucht viele Freunde. Das gefällt mir, und ich ermutige sie auch dazu. Ich setze ihr nie eine Grenze, wie lange sie wegbleiben darf. Aber neulich war sie den ganzen Tag unterwegs und kam erst um acht Uhr abends nach Hause. Sie hatte die Zeit für das Abendessen verpasst und kam völlig aufgedreht und erregt nach Hause. Ich wollte ihr nie zu viele Grenzen setzen, aber jetzt sehe ich, dass der Grad ihrer Erregung eigentlich ein guter Anhaltspunkt dafür ist, wie viele Erfahrungen sie verkraften kann.

Eine Neunjährige sollte eine gewisse Freiheit haben, aber es muss Grenzen geben, und du musst ihr sagen, wo die Grenzen sind. Du hast ihr nicht gesagt, wann sie wieder da sein soll, also ist sie zu weit gegangen. Ihr beide musstet aus dieser Erfahrung lernen. Aber so lernen wir, nicht wahr?

Deine Tochter weiß, dass sie zu weit gegangen ist, aber je mehr du mit ihr über diese Erfahrung sprichst, wie das Gehirn und der Körper durch Überaktivität reagieren, desto mehr wird sie in der Lage sein es beim nächsten Mal zu erkennen. Vielleicht sieht es so aus, dass Kinder diese Lektionen nicht wirklich beherzigen, doch auf einer tieferen Ebene tun sie es schon.

Als Mutter musst du wachsam beobachten, um zu erkennen, was das Beste ist, indem du dich von deiner eigenen Lebenserfahrung und Wahrheit leiten lässt und nicht davon, was du für dein Kind willst oder nicht willst. Solange ein Kind nicht in der Lage ist sich selbst Grenzen zu setzen, müssen die Eltern diese mit der Weisheit festlegen, die aus ihrer Lebenserfahrung besteht, gereinigt und befreit von jeglichen persönlichen Wünschen, Ambitionen oder Ängsten für und um das Kind.

Teenager müssen die Grenzen ihrer Unabhängigkeit austesten, was natürlich oft zu Konflikten im Zusammenleben führt. Wie kann man damit umgehen? Ich sage, dass eure Kinder, bis sie für ihren Lebensunterhalt aufkommen und unabhängig sein können, privilegiert leben und daran immer wieder erinnert werden müssen.

Zu einem Teenager in meinem Haus würde ich Folgendes sagen: „ Ich liebe dich, und ich fühle mich privilegiert dich zu lieben. Du liebst mich, und ich fühle mich privilegiert deine Liebe zu empfangen. Da du für unser Zusammenleben und deine Mutter und mich Liebe zeigst, darfst du gerne dieses Haus als dein eigenes benutzen. Es steht dir ganz und gar zur Verfügung als dein eigenes Zuhause, und das ist dein Privileg. Du musst allerdings verstehen, dass du dieses Privileg beginnst zu verlieren, wenn du keine Liebe mehr zeigst."

Jeder Mensch muss verantwortlich gemacht werden. Teenager müssen verstehen, dass alles seinen Preis hat und es nichts umsonst gibt – auch nicht für sie.

Mutter: Ich bin allein erziehende Mutter, und mein Sohn ist jetzt zwölf. Er wächst schnell zum Mann heran, und ich bin immer noch vernarrt in ihn. Er ist kein kleiner Junge mehr, und ich kann ihm nicht mehr so gut die Disziplin vermitteln, die er jetzt braucht. Es ist kein großes Problem, aber ich habe das Gefühl, es wäre das Beste für ihn, wenn ich mit ihm auf eine neue Art viel bestimmter und trotzdem liebevoll umgehen könnte. Wenn die

Dinge außer Kontrolle geraten, wirkt er sehr unglücklich. Wenn ich in der Lage wäre ihn zu bremsen, bevor sie außer Kontrolle geraten, wäre es für uns beide viel einfacher.

Dann ist die Frage: Wo gerät es außer Kontrolle? Und warum? Was will er denn tun, von dem du nicht willst, dass er es tut?

Mutter: Ach, es gibt so Vieles, was er will …

Wenn du das, was er will, als richtig empfindest, lässt du ihn sicherlich seinen Willen haben. Wenn dir aber deine Erfahrung ein Warnsignal schickt, stoppst du ihn. Da er nun zum Teenager wird, beginnt er mehr Erfahrungen zu suchen und sich selbst auszutesten, wo die Grenzen liegen, die für dich noch akzeptabel sind. Also kommt es zu Konflikten. Ich höre, dass du versuchst eine Balance zwischen „bestimmt" und „liebevoll" zu finden, aber ich weiß nicht, wie eine solche Balance aussehen soll. Ist es etwa ein Gegensatz? Oder bist du nicht bestimmt, wenn du liebevoll bist, oder nicht liebevoll, wenn du bestimmt bist?

Mutter: Ich glaube, für mich ist es am wichtigsten mich immer daran zu erinnern, das ich als Frau und als Mutter Liebe bin – das ist mein Wesen.

Ja: „Ich bin Liebe. Und ich bin nicht darin verhaftet." In der Liebe muss auch Intelligenz sein. Wo man verhaftet und emotional ist, nimmt man Rücksicht – und das ist fehlende

Intelligenz. Sobald du Rücksicht auf ihn nimmst, beginnst du deine Macht über die Situation zu verlieren. Du musst aufpassen, dass du nicht zu rücksichtsvoll bist. Wie zum Beispiel: „Ich möchte nicht, dass du unglücklich bist … Also gut, du darfst machen, was du willst." Nimm dich in Acht vor dieser Art von Rücksichtnahme.

Mutter: Es fällt mir schwer, Nein zu ihm zu sagen, besonders wenn ich weiß, wie sehr er etwas will.

Um Wahrheit in die Situation zu bringen, musst du klar erkennen, warum du ihm seine Freiheit nicht lässt; und dann musst du ihm erklären, warum du ihm nicht erlaubst zu tun, was er will. Tust du das?

Mutter: Ich versuche es, obwohl ich oft am liebsten einfach sagen würde: „Nein und noch mal Nein. Und dabei bleibt es." Aber vielleicht ist er jetzt aus dem Alter heraus, wo ich das machen kann.

Ja, diese Zeit ist wohl vorbei. Es ist wichtig, es ihm zu erklären. Du musst offen zu ihm sein. Denn damit Gerechtigkeit herrscht, muss ein Mann wissen, warum ihm etwas verweigert wird, was er haben will. Seine Intelligenz muss die Situation begreifen, damit er sagen kann: „Ja, okay. Du hast Recht."

Gleichzeitig muss er daran erinnert werden, wer die Macht hat. Du hast die Macht ihm zu sagen, was Sache ist, und diese Macht wirst du solange haben, bis er sie selbst hat.

Die Regel für deinen Sohn lautet: „Solange, bis du arbeiten und für dich selber sorgen kannst, muss ich die Verantwortung tragen."

Seine Intelligenz kann einsehen, dass dies richtig ist. Dasselbe gilt für jeden Teenager, dem von klein auf Verantwortung beigebracht wurde, und dem nicht gestattet wude, sich in unintelligentes Verhalten zu flüchten.

EHRLICHE GESPRÄCHE

IN EINER WIRKLICHEN FAMILIE findet zwischen Eltern und Kindern wirkliche Kommunikation statt. Das bedeutet, dass ihr als Partner ehrlich und aufrichtig miteinander umgehen könnt, und dass ihr als Eltern mit den Kindern über die Tatsachen und die Wahrheiten des Lebens sprechen könnt, und dass ihr, wenn jemand sich emotional verhält, die Situation ansprechen könnt, ohne selbst emotional zu werden.

Wenn ihr als Partner einander die Wahrheit sagen könnt, wird dadurch die Liebe im Haus bestärkt. Dadurch dass ihr euer Bestes gebt, um die Wahrheit zu leben, unterstützt ihr damit auf der psychischen Ebene alle, die mit euch zusammenleben. Indem ihr euch selbst von Leiden, Wut und Verbitterung reinigt, verändert ihr den psychischen Raum, in dem ihr lebt. Durch eure Gegenwart vermittelt ihr euren Kindern Liebe, Wahrheit und Ehrlichkeit und vertreibt auf diese Weise schon etwas von ihrem Schmerz und ihrer Ignoranz.

Mutter: Wir versuchen in unserer Familie die Wahrheit zu leben, aber gleichzeitig weiß ich, dass mein Sohn Ben irgendwann Schmerzen leiden muss. Seltsamerweise muss ich ihm offenbar gerade aufgrund meiner Liebe erlauben, in die Welt zu gehen und sich selbst zu verletzen. Er muss sein Lehrgeld bezahlen. Da ich dies weiß, lasse ich ihm vielleicht manchmal zu viel durchgehen…

Natürlich muss er seine eigenen Fehler machen und Dinge tun, die sich als etwas anderes herausstellen, als er es sich gewünscht hatte. Ihr müsst ihn seine Erfahrungen im Leben machen lassen, werdet aber nicht willentlich zulassen, dass er sich selbst verletzt.

Mutter: Nun ja, manchmal zweifle ich, ob ich das Richtige tue. Es zeigt sich bei kleinen Dingen. Zum Beispiel wollte Ben zu seinem Geburtstag genauso ein Computerspiel haben wie seine Freunde, und ich war nicht begeistert davon, es ihm zu kaufen, denn für mich war es wieder ein Stück Welt, die damit in unser Haus kommt. Aber er wollte es unbedingt haben. Also kaufte ich es ihm, und nach ein paar Tagen stellte ich fest, dass er gar nicht mehr damit spielte. Ich denke, dass ihm meine Einstellung wahrscheinlich die Freude daran verdorben hat.

Zunächst einmal zweifelst du ja nicht an der Art, wie du ihn erziehst, sondern hast nur manchmal Zweifel in Bezug auf bestimmte Dinge. Wenn du dir das klar machst, wird es dir damit schon besser gehen. Und sei nicht zu streng mit dir selbst oder mit ihm. Dann wirst du klarer erkennen können, ob du ihm etwas aufzwingst oder nicht.

In einer Situation wie dieser musst du mit dem Jungen ehrlich reden. Geh hin und frage ihn, warum er damit nicht mehr spielt. Lass ihn Gründe dafür anführen. Aber fordere es nicht von ihm und übe keinen Druck auf ihn aus. Das

Gespräch sollte offen und leicht sein, damit er von sich aus sprechen kann und dir nicht irgendeine Ausrede gibt oder nur Dinge sagt, von denen er weiß, dass du sie hören willst. Versuche ihn dazu zu bewegen, der Sache auf den Grund zu gehen. Vielleicht sagt er nur ein oder zwei Worte, die ausreichen um dich wissen zu lassen und zu bestätigen, dass du ihm mit dem, was du über das Computerspiel gesagt hast, tatsächlich ein schlechtes Gewissen gemacht hast. Oder vielleicht ist es gar nicht so.

Du sagtest, du lässt ihm zu viel durchgehen. Was denn zum Beispiel?

Mutter: Hauptsächlich dann, wenn er sich emotional über etwas aufregt. Zuerst versuche ich ihn zu stoppen oder ihn dazu zu bringen es aufzugeben. Aber er macht immer weiter und weiter ... Dann neige ich dazu aufzugeben oder zu sagen, dass ich nicht mehr mit ihm reden werde.

Am wichtigsten ist es, nicht zu vergessen, dass du handeln musst, sobald du das erste Anzeichen von Emotionalität bei ihm wahrnimmst. Wenn du ihn rechtzeitig erwischen kannst, setze dich mit ihm so schnell wie möglich hin und rede mit ihm. Du musst sehr direkt und hartnäckig sein.

„Was ist denn das Problem? Sag mir, was dich so aufregt. Was willst du eigentlich? Was ist es denn, das du nicht kriegen kannst? Was willst du denn tun und kannst es nicht? ... Komm, sprich mit mir darüber. Es muss etwas sein, was du willst und nicht bekommst. Irgend so etwas muss es sein ... Sag es mir bitte, was ist das Problem? Wenn du nämlich nicht darüber sprechen kannst, warum du emotional bist, dann bist du nicht wahrhaftig und ehrlich. Jeder Mensch auf der Welt kann sagen, warum er emotional ist, es sei denn, er ist unehrlich."

Wer bei mir gelernt hat und jeder, der bereit ist die Wahrheit in seiner eigenen Erfahrung zu sehen, weiß, dass es unehrlich ist zu sagen: „Ich weiß nicht, warum ich unglücklich bin." Ich kann nicht ohne Grund schlechter Laune oder wütend sein. Da ich derjenige bin, der schlecht gelaunt oder wütend ist, muss ich auch in der Lage sein zu sagen, warum. Und trotzdem kommt jeder Mensch auf dieser Welt immer wieder damit durch. Deshalb ist es so wichtig, deinem Kind diese Wahrheit vom frühesten Alter an beizubringen.

Es gibt auch Zeiten, in denen er einfach schlechter Laune ist und du überhaupt nicht mit ihm kommunizieren kannst. Er hat so viele Emotionen, dass du nicht an die Wurzel des Problems herankommst. Du bemühst dich, hinter den Grund für sein Unglück zu kommen, aber es ist zu spät. Die Unehrlichkeit hat ihn erwischt; das Selbst-Süchtige in ihm hat die Oberhand bekommen. Dann musst du sagen: „Ich kann mit deiner Emotion nicht sprechen. Wenn du sie wieder los bist, komm bitte zu mir und sage es mir, dann werden wir uns zusammen damit beschäftigen und schauen, wie wir damit umgehen können."

Mutter: Manchmal ist es ziemlich schlimm. Je mehr ich versuche, mit Ben zu reden, desto widerspenstiger wird er. Ich werde emotional, und dann ist es hoffnungslos. Aber neulich war es anders. Er weigerte sich, etwas zu tun, worum ich ihn gebeten hatte. Zuerst wurde ich ein bisschen wütend auf ihn, aber dann sah ich ein, dass ich ihm eigentlich etwas aufdrängte, was ich wollte. Also entschuldigte ich mich…“

Das ist ehrlich. Aber dann würde ich mit ihm darüber sprechen – ohne Emotionen und ohne Forderungen – um den Dialog wieder zu eröffnen. Du musst ihn dazu bewegen, von einer tieferen Ebene aus zu sprechen, die hinter seinen Ausreden oder Reaktionen liegt. Es war sicher auch bei ihm eine Reaktion, sonst wäre er nicht so widerspenstig gewesen. Die Ursache für seinen Groll ist vielleicht nicht sofort offensichtlich. Lass ihn den Ärger ausdrücken und Dampf ablassen. Höre aufmerksam zu, was er zu sagen hat. Dann ist die Chance für wirkliche Kommunikation zwischen euch größer.

Vater: Mit meinem Sohn habe ich manchmal ein Kommunikationsproblem, weil er einfach nicht direkt mit der Sprache herausrückt. Wenn er sich aufregt, kommen alle Wörter gleichzeitig aus ihm heraus. Es liegt nicht daran, dass er zu jung ist. Er ist sechs Jahre alt und durchaus fähig, ein normales Gespräch zu führen. Aber wenn er emotional wird, kommt überhaupt nichts Vernünftiges mehr aus ihm heraus.

Die Erregung steigert sich, und dadurch kommt er so in Fahrt, dass er dann nicht mehr in der Lage ist, schnell genug zu sagen, was er will. Ihr müsst ihn also bremsen.

Seine Mutter und du, ihr müsst euch einig sein, so dass ihr dabei an einem Strang zieht. Dann müsst ihr ihm das Spiel „Langsam reden“ zeigen. Ihr könnt das in verschiedenen Situationen tun. Zum Beispiel kannst du, wenn ihr beim Essen sitzt, bewusst einmal langsam reden. Oder nutze bei einer gemeinsamen Autofahrt die Gelegenheit, mit Absicht ganz langsam zu sprechen. Macht immer ein Spiel daraus.

Wenn ihr ganz normale Gespräche langsamer führt, gebt ihr ihm mehr Pausen und könnt auf diese Weise dem Aufbau von Emotionen direkt entgegenwirken.

Mutter: Wie geht man mit Kinder um, wenn sie lügen? Meine Tochter sagte, sie habe Kopfschmerzen, also ließ ich sie nicht zur Schule gehen. Tagsüber schien es ihr gut zu gehen. Als es Abend wurde, sagte sie, sie fühle sich wieder krank. Ich fragte sie, ob sie das deshalb sagt, weil sie morgen wieder nicht in die Schule gehen will. Sie regte sich sehr auf, weil sie meinte, ich würde ihr nicht glauben. Ich möchte gerne ehrlich mit ihr umgehen können, so dass sie mir immer die Wahrheit sagen kann, ohne emotional zu werden.

Wir haben wahrscheinlich alle schon einmal krank gespielt, um uns vor etwas zu drücken, was wir nicht tun wollten. Wir wollen gewisse Dinge nicht tun, die wir nicht mögen, also lügen wir. Als Kinder stellen wir fest, dass es am besten ist zu lügen, denn wir sehen, dass alle um uns herum lügen, und auf diese Weise bekommen wir, was wir wollen.

Zu deiner Tochter würde ich Folgendes sagen: „Ich habe dich gefragt, ob du lügst, weil jeder manchmal lügt. Und wir beide wissen, dass du mich früher auch schon einmal angelogen hast. Deshalb kann ich dir nicht glauben. Aber du brauchst deshalb nicht böse zu sein. Es ist nun einmal so in der Welt, dass alle lügen. Aber es ist das Beste, nicht mehr zu lügen als man muss. Bemühe dich nicht zu lügen, damit du irgendwann nie mehr unehrlich sein musst."

Es ist eine gute Idee, das Thema Lügen mit Kindern ganz offen zu besprechen, damit wir alle sehen können, was Lügen bedeutet und ob es wirklich notwendig ist. Je mehr wir uns mit einer solchen Angelegenheit beschäftigen, desto eher verschwindet das Bedürfnis danach.

Du könntest zum Beispiel sagen: „Ich werde dir sagen, wozu ich bereit bin. Ich werde mich bemühen, es dir das nächste Mal zu sagen, wenn ich lügen möchte. Und du kannst dich bemühen, dasselbe zu tun. Ist das in Ordnung? Ich mache es zuerst; dann kannst du sehen, was ich meine. Das nächste Mal wenn ich meine lügen zu müssen, dann werde ich es nicht tun. Stattdessen werde ich dir erzählen, dass ich fast gelogen hätte, und wir werden sehen, warum ich lügen wollte und ob es wirklich nötig war."

Wir müssen unsere Kinder nicht ihre Geheimnisse horten lassen, so weit es möglich ist. Und wir müssen unsere eigenen Geheimnisse loswerden. Geheimnisse zu haben, macht jeden unglücklich.

Gibt es Dinge bei dir, die du keinem zu erzählen wagst? Je eher du sie erzählen kannst, desto eher wirst du frei sein. Aber wem kannst du deine Geheimnisse erzählen? Das ist die Frage. Sind deine Geheimnisse wirklich nötig? Die meisten sind es nicht, aber man hält daran fest, weil sie unsere Emotionen unterstützen. Geheimnisse sind nur deshalb nötig, weil niemand die Wahrheit hören will.

Mutter: Ich versuche, mit Ben offen und ehrlich zu sein, aber ich frage mich manchmal, ob ich ihm nicht meine Ängste weitergebe, indem ich zu offen darüber rede. Wenn mich etwas bedrückt, dann wird er es wahrscheinlich bemerken, und da wir zusammen sind, rede ich mit ihm darüber. Aber ich will ihn nicht mit meinen Sorgen belasten. Wo ist die Grenze, wo ich ihn beschützen oder offen zu ihm sein muss?

Die Grenze ist: Erzähle ihm nichts, was er jetzt nicht zu wissen braucht. Es gibt viele Dinge, die Ben nicht zu wissen braucht, weil er noch nicht die Erfahrung hat, damit umzugehen, und du könntest ihm Angst machen, wenn du zu viel sagst. Sei mit Kindern nicht zu voreilig. Wenn dir ein Kind eine Frage stellt, dann nimm nicht gleich die nächste Frage vorweg. Beantworte die erste Frage und lass es dann so sein. Versuche nicht, deine Antwort auszudehnen, und beantworte nicht eine Frage, bevor sie gestellt wird.

Vater: Wir tendieren dazu, ihm so viel wie möglich erklären zu wollen. Meinst du jetzt damit, dass dies nicht richtig ist?

Es sind wir, die Erwachsenen, die unter Druck stehen, alles

zu erklären, das Bedürfnis haben, alles näher auszuführen. Das ist unser Bedürfnis, nicht das der Kinder. Es ist am Besten, nicht zu weit auszuholen. Beantwortet einfach die Frage, die gestellt wird. Dann kann das Kind die Antwort aufnehmen, bevor es mit der nächsten Frage wiederkommt, was es in der Regel später tun wird. Auf diese Weise wird das, was du sagst, genau die richtige Dosis für das Kind sein, und du brauchst dich nicht über Dinge auszubreiten, die es eigentlich nicht betreffen.

Mutter: Es gibt Situationen, in denen wir als Partner über Dinge reden, die uns betreffen, und Ben ist im Zimmer. Ich habe das Gefühl, dass ich ihn nicht ausschließen will. Es gibt auch einige Dinge, die mir Sorgen machen, und ich möchte gerne offen mit ihm darüber sprechen. Zum Beispiel seine Schulsituation. Er weiß, dass ich besorgt bin, weil er im nächsten Schuljahr in die Mittelschule gehen soll, obwohl ich nicht möchte, dass er sich darüber Sorgen macht.

Warum willst du ihm von deinen Sorgen erzählen? Deine Sorgen sind keine Tatsache in der Situation. Es ist wichtig, ihn über die Tatsachen zu informieren.

Zum Beispiel: „Diese Schule wird anders sein, als die, wo du bisher warst, aber es wird eine neue Erfahrung für dich sein. Es gibt dort viel mehr Kinder…“ usw. Sprich mit ihm über die Tatsache. Die macht dir doch keine Sorgen, oder?

Mutter: Nein … Aber ist es denn nicht richtig, alles zu sagen, was mir Sorgen macht?

Nein, nicht alles, nicht in seiner Gegenwart. Diskutiert vor ihm nicht über Dinge, die er nicht zu wissen braucht. Es gibt Dinge, die nicht für seine Ohren bestimmt sind. Ein Gespräch zwischen dir und mir ist nicht ein Gespräch zwischen Ben und mir oder zwischen dir und Ben. Wenn du mit einem Kind sprichst, dann sprich mit dem Kind.

Wenn dir etwas Sorgen macht und du mit deinem Partner darüber reden musst, dann sprich mit deinem Partner. Aber du musst den richtigen Moment wählen, denn das Kind wird zuhören und einen Eindruck oder eine falsche Vorstellung von der Tatsache bekommen. Lasst die Kinder nicht nebenbei euren Gesprächen zuhören und vage Eindrücke darüber sammeln, was los ist. Lasst sie spüren, dass Mama und Papa ehrlich und direkt mit ihnen sind.

Mutter: Ich erinnere mich, dass in meiner Kindheit viele Dinge vor mir nicht ausgesprochen wurden, obwohl ich wusste, dass etwas nicht stimmte, und es war sehr beunruhigend für mich, dass ich nicht wusste, was es war. Deshalb dachte ich, es ist besser, wenn ich mit meinem eigenen Kind offen und ehrlich bin.

Natürlich sollt ihr mit Ben darüber reden, was los ist, Aber erzählt ihm die Tatsachen, über die er etwas wissen muss, und sprecht direkt mit ihm; behandelt ihn wie einen Erwachsenen mit einem jungen Körper und noch jungen Erfahrungen.Was ist denn das grundlegende Problem in der Familie, über das ihr mit ihm sprechen wollt?

Vater: Wir haben im Moment sehr wenig Geld.

Geld ist so oft eine Grundursache für Sorgen, aber ihr könnt darüber mit ihm aufrichtig reden, ohne daraus ein Problem für ihn zu machen. Sagt ihm, wie die Welt mit Geld funktioniert und wie die Situation der Familie ist.

„Wir haben im Moment nicht viel Geld, aber wir schaffen es immer irgendwie durchzukommen. Papa arbeitet viel, und ich unterstütze ihn; wir tun unser Bestes um mit dem, was wir haben, zurechtzukommen. Deshalb verschwenden wir kein Geld. Wir können uns nicht immer leisten, was die Leute mit mehr Geld haben, aber das ist in Ordnung. Wir werden immer zurechtkommen."

Ihr könnt auf diese Weise mit ihm reden, praktisch und einfach, so dass er es verstehen kann. So ist es doch zutreffend und ehrlich, oder?

Mutter: Ja, aber ich sehe jetzt, dass ich zu viel mit ihm über Dinge gesprochen habe, die mir Sorgen machen. Ich erinnere mich, dass er einen Alptraum hatte, nachdem wir darüber gesprochen hatten, ob wir es uns leisten können, ihn auf eine Privatschule zu schicken, was vielleicht bedeuten würde, dass wir das Haus verkaufen müssen. Dieses Gespräch muss einen tiefen Eindruck bei ihm hinterlassen haben, denn in seinem Traum hatten wir nicht genug Geld und zogen aus dem Haus aus.

Das ist ein gutes Beispiel. Ich kann etwas Ähnliches aus meinem eigenen Leben erzählen. Während der Wirtschaftsflaute war ich ein Junge von fünf oder sechs Jahren, und mein Vater hatte nicht viel Geld. Er musste um vier Uhr morgens aufstehen, um beim Trainieren von Rennpferden zu helfen. Es wurde darüber gesprochen, warum Daddy so früh aufstehen musste, und ich habe es mitgekriegt. Vor lauter Pflichtgefühl konnte ich nicht schlafen und wanderte mehrmals mitten in der Nacht ins Schlafzimmer meiner Eltern und schüttelte sie wach: „Daddy, ist es schon Zeit aufzustehen?“

Wir alle machen uns Sorgen über Geld, und es wird unweigerlich darüber gesprochen, aber es ist weise es zu vermeiden, wenn die Kinder zuhören.

Mutter: Ich denke, meine Sorgen – ob sie sich nun um Geld drehen oder sonst etwas – haben eine Menge damit zu tun, dass ich Angst habe, irgendetwas könnte schief gehen. Meine Angst scheint sehr nahe an meiner Liebe zu sein. Ich bin auch ziemlich beunruhigt, wenn Ben auf die Straße zum Spielen geht, ob er sich vielleicht verletzt.

Als Erwachsene müssen wir lernen, wie wir mit Ängsten umgehen. Wie begegne ich der Situation, so wie sie ist, ohne mich unnötig zu stressen? Erinnert euch daran: Die Angst ist keine Tatsache.

Jetzt kommt die Fortsetzung meiner Kindheitserfahrung als Erwachsener: Meine Frau Julie hatte unheilbaren Krebs. Wir hatten herausgefunden, dass es eine Spezialklinik gab, wo ihr eine spezielle Ernährung möglicherweise helfen sollte, aber wir wohnten in London, und die Klinik war in Mexiko. Also unternahmen wir alle möglichen Anstrengungen um das Geld zusammenzukriegen und dorthin zu fliegen. Wir buchten einen Flug nach Los Angeles mit

Anschlussflug nach San Diego. Wir hatten ein Auto mit Fahrer organisiert, der uns von dort nach Mexiko bringen sollte. Alles war arrangiert.

Wir fuhren zum Flughafen, hatten noch viel Zeit und warteten am Gate. Plötzlich stellte ich fest, dass mir die mexikanischen Visa irgendwo herausgefallen waren. Ich rannte zurück bis zur Passkontrolle, schaute überall auf dem Boden, ob sie irgendwo lagen – ohne Erfolg – und eilte schließlich zurück zum Gate, nur um zu sehen, dass die Tür des Flugzeugs geschlossen wurde.

Ich brüllte: „Ihr dürft nicht zumachen!" (Ich fühlte mich absolut verantwortlich für das Ganze). „Ihr dürft das nicht!" Fluchend schrie ich auf das Personal ein: „Macht sofort die Tür auf! Sie muss dieses Flugzeug kriegen!" Sie antworteten: „Das können wir nicht, Sir. Es ist zu spät."

Und Julie – sie war ziemlich gelassen damit – sagte: „Und seine ganzen Rennpferde sind auf einmal tot umgefallen."

Das stimmte. Ich klappte zusammen. Ja, es stimmte. Meine Rennpferde waren alle auf einmal tot. Ich hatte alle nur möglichen Anstrengungen unternommen. Ich hatte alles getan, was ich tun konnte, und jetzt musste ich loslassen, und zwar sofort. Auch wenn wir alles tun, was wir können, müssen wir letztendlich die Tatsache akzeptieren, dass das Leben in seiner Weisheit die Türen zu den Menschen schließt, die wir lieben.

Großvater: Ich glaube, wir möchten die Unschuld der Kinder bewahren und sie vor der Welt der Erwachsenen beschützen. Und das liegt teilweise auch in unserem eigenen Interesse, weil wir uns an ihrer Unschuld so freuen … Ich genieße es sehr, mit meinem Enkel „Wir tun jetzt so als ob …" zu spielen. Ich denke, dass wir von Kindern an unsere eigene Kindheit erinnert werden wollen, als wir uns noch um nichts in der Welt kümmern mussten und so tun konnten, als ob es einen Weihnachtsmann gäbe…

Nun, nach meinem Verständnis sollte ein Kind natürlich sehr früh darüber informiert werden, dass es keinen Nikolaus und keinen Weihnachtsmann gibt, der durch den Schornstein kommt. Es ist nur eine Geschichte; der Weihnachtsmann ist nicht real.

Großvater: Und wie würdest du das erklären, ohne ihnen den Spaß daran zu verderben?

Ich würde sagen: Der Nikolaus ist genauso echt wie der Mann im Mond. Obwohl die Leute wissen, dass es ihn nicht gibt, freuen sie sich, wenn sie so tun, als ob es ihn gäbe. Es gibt ihn nur zum Spaß.

Sag ihnen von Anfang an die Wahrheit.

„Die Vorstellung vom Weihnachtsmann beruht auf einer uralten Tatsache des Lebens, wovon die meisten Leute heute keine Ahnung mehr haben. Und zwar: Wir bekommen Geschenke. Wir bekommen jeden Tag so viel geschenkt, zum Beispiel unser Essen, die Luft, die wir atmen, ein schönes, warmes Haus, aber wir vergessen, dass es Geschenke sind. Deshalb geben wir einmal im Jahr alle unsere Geschenke auf einmal und nennen es Weihnachten. Und in unserer Fantasie darüber, woher alle diese schönen Geschenke sind, haben wir eine spannenden Figur daraus gemacht, den Weihnachtsmann, der mit einem Sack voller Geschenke daherkommt. Das ist nicht wahr. Es ist nur eine Geschichte. Aber das Wunder, dass uns alles geschenkt wird – die Schönheit des Lebens mit so vielen kleinen Lebewesen und den Vögeln im Garten – das ist wahr."

Ich sage, dass ihr das Leben eines Kindes nicht ruinieren werdet, wenn ihr ihm enthüllt, dass es keinen Nikolaus gibt. Ich sage aber, dass ihr das Leben eines Kindes dadurch ruiniert, dass ihr es anlügt, denn eines Tages, so war es bei mir, wird man ihm sagen müssen, dass es so jemanden gar nicht gibt.

Wie du gesagt hast, ist das Kind unschuldig. Es glaubt, was du sagst. Aber was glaubst du, was passiert, wenn du plötzlich eine Kehrtwendung machst und sagst: „Übrigens gibt es gar keinen Nikolaus. Es ist nicht wahr," nachdem du ihm jahrelang diese Lüge aufgetischt hast? Das Kind fällt aus allen Wolken. Das ist Betrug! Aber alle glauben, dass sei so in Ordnung, weil auch sie die ganze Zeit betrogen werden. Es ist ein Verrat an der Liebe, und mit dieser Doppelmoral betrügt jeder sich selbst und andere.

Ein kleines Kind kann schnell emotional und ungestüm werden, aber es ist auch so unschuldig, dass es an alles glaubt. Und den Leuten gefällt es, diesen Glauben zu erhalten. Sie sagen: „Das ist doch gemein, einem Kind zu sagen, das es keinen Nikolaus gibt!" Ich sage, es ist gemein, einem

Kind, das an den Nikolaus glaubt, zu sagen, dass es eine Lüge ist. Das ist das Verbrechen.

Großeltern, Tanten und Onkels kommen und überschütten die Kinder mit liebevoll-betütelnder Aufmerksamkeit. Sie verwöhnen die Kinder mit Süßigkeiten und Geschenken. Sie rufen bei Kindern Forderungen wach und schmeicheln ihnen. Dann fahren sie wieder ab und lassen euch mit den wiederholten Forderungen der Kinder zurück. Dem beugt man vor, indem man ehrlich mit ihnen spricht.

Alle Verwandten und Besucher, die mit euch Zeit verbringen, sollten die Regeln des Zusammenlebens kennen. Sie sollten keinerlei Zweifel daran haben, wie ihr eure Kinder erzieht.

Euren Eltern müsst ihr klar machen, dass ihr die Kinder auf eure Weise erzieht und nicht auf ihre Weise. Ihr wollt nicht, dass sie eure Regeln des Zusammenlebens unterwandern oder in Frage stellen, auch wenn sie es noch so gut meinen – mit Worten oder Taten

„Das ist mein Sohn, und er wird so erzogen, wie ich es für das Beste halte, und nicht so, wie ihr es seht. So ist es nun einmal. Ihr hattet mit mir die Gelegenheit, das zu tun. Und wenn ich etwas vertrete, dann vertrete ich die Art, wie ihr Kinder erzogen habt. Wenn es euch also nicht gefällt, wie ich meine Kinder erziehe, dann gefällt es euch auch nicht, wie ihr mich erzogen habt. Warum sollte ich dann auf euch hören?“

„Aber ich bin doch deine Mutter! So kannst du nicht mit mir reden!"

Nun, vielleicht könnt ihr nicht so mit ihr reden, wie ich es tun würde, aber irgendwie müsst ihr aufrichtig mit ihr reden. Viele junge Eltern sind nicht in der Lage, sich gegen die scheinbare oder vermutete Autorität ihrer älteren Verwandten zu wehren. Mit den Schwiegereltern ist es oft noch schwieriger umzugehen; und in diesem Fall braucht man natürlich die Unterstützung des Partners.

Ihr solltet in der Lage sein, auf Ratschläge zu hören, die man euch erteilt, aber gleichzeitig das tun, was ihr für euer Kind und in der Situation für richtig haltet. Wenn die Verwandten die Harmonie im Haus stören, dann müsst ihr ihnen klar machen, wie ihr eure Kinder erzieht und warum. Geht nicht auf ihre Forderungen ein und auch nicht auf ihre Emotionen, besonders wenn sie euch vorwerfen, lieblos oder zu hart zu sein. Nur wenn sie bereit sind, sich Tag und Nacht um die Kinder zu kümmern, können sie sagen, was richtig für die Kinder ist. Ansonsten dürfen sie sich nicht einmischen.

Vater: Ich fand eigentlich die Ratschläge meiner Eltern sehr hilfreich, besonders als das Baby geboren wurde. Sie hatten das ja selber schon alles mitgemacht. Probleme gibt es nur, wenn die praktischen Ratschläge sich mit irgendeiner Meinung vermischen, oder wenn sie anfangen, in die Vergangenheit zu gehen.

Ja, die Großeltern sollten Gurus sein. Das ist es, womit wir unseren Lebensabend verbringen sollten. Ich meine damit nicht, dass jeder ältere Mensch ein Guru oder Lehrer sein sollte, wie ich es bin. Meine Aufgabe ist es gewesen, praktisch alles zu erfahren, was ein Mensch erfahren kann, so dass ich vielen Männern und Frauen die Wahrheit vermitteln und ihnen helfen kann, mehr Liebe und Ehrlichkeit in die Welt zu bringen. Aber eigentlich sollten alle älteren Menschen auf ihre Weise dasselbe tun, je nach dem, wo sie ihr Licht scheinen lassen möchten und wo ihre Neigungen sind, und in der Familie sollten sie die Weisen sein.

Es gab eine Zeit, in der Großvater die Weisheit seiner Jahre weitergab und die Kinder von ihm die Wahrheiten des Lebens lernten. Er hatte durch seine Lebenserfahrung seine Lektionen gelernt und war nun in Verbindung mit der Gottheit. Er war eins mit Gott und eins mit einem Leben reich an Erfahrungen und konnte dieses Wissen an die Jüngeren weitergeben. Da jedoch die Menschheit den Kontakt mit dem Zustand der Gotteserkenntnis verloren hat, geben Großväter heute im Allgemeinen nur noch die weltlichen Erfahrungen an die nächste Generation weiter.

Es gab eine Zeit, in der Großmutter die stille Frau war, die den Mann geliebt und die Kinder aufgezogen hatte und deshalb die Jüngeren in allen Dingen der Liebe und der Familie unterweisen konnte. Heutzutage sind so viele ältere Frauen zu emotional um richtige Unterweisung zu geben, und ihre Liebe hat meist einen sentimentalen Einschlag.

Die meisten älteren Leute, die ich treffe oder von denen ich höre, können die Wahrheit nicht hören, weil sie in der Vergangenheit leben wollen. Natürlich genießen sie es, mit den Enkeln Zeit zu verbringen, aber sie neigen dazu, sie als

Ersatz für ihre Kinder zu betrachten und emotional von ihnen abhängig zu werden. Großeltern, die versuchen durch ihre Enkel zu leben, machen sich selbst und alle anderen unglücklich. Oft geschieht etwas, dass sie daran hindert, ihre Enkel so oft zu sehen, wie sie gerne möchten.

Mutter: Mein Vater und meine Mutter sind sehr großzügige Menschen, und es ist schwer, ihnen beizubringen, dass sie die Kinder nicht so verwöhnen sollen. Ich spreche mit ihnen wirklich so ehrlich, wie ich kann, aber ich stelle fest, dass ich sie überfordere, wenn ich verlange, dass sie meine Werte übernehmen. Ich kann nicht einmal von ihnen erwarten, dass sie die Wahrheit, so wie ich sie sehe, von mir hören wollen. Es ist genug, dass ich sie einfach liebe. Und ich habe gelernt, nicht Barry Long zu zitieren!

So viele Eltern erzählen mir von den Konflikten, die sie mit ihren eigenen Eltern haben, und von den Reaktionen, die kommen, wenn die Worte „Guru“, „spiritueller Meister“ oder „Erleuchteter“ fallen oder wenn mein Name erwähnt wird. Es werden sofort Vermutungen angestellt und der Zuhörende erschrickt, verspannt sich innerlich und wird emotional, anstatt sich anzuhören, was ich zu sagen habe und ob vielleicht etwas Wahres daran ist.

Sehr viele ältere Menschen schleppen einen langen Schwanz von Emotionen hinter sich her, der zwar nicht sichtbar ist, aber schwer wiegt. Ihr müsst in der Lage sein, mit euren Eltern und Verwandten ehrlich und klar zu sein und euch von ihnen diesen Schwanz nicht anhängen zu lassen.

Nachdem sie ihr eigenes Leben vermasselt haben, versuchen ältere Leute der nächsten Generation zu erzählen, wie man sein Leben nicht vermasselt. Aber wenn ich die Lektion meines Lebens nicht gelernt habe, bin ich dann etwa geeignet dir zu sagen, wie du leben sollst?

Ich würde sagen: „Liebe Eltern, euer Leben ist euer Leben. Und ihr seid durchgekommen. Mein Leben ist mein Leben. Ich danke euch für eure Hilfe, alle Unterstützung und Lebenserfahrung, die ihr mir gegeben habt. Aber bitte erwartet nicht von mir, mein Leben für euch zu leben. Und bitte erwartet nicht, euer Leben durch mich oder meine Kinder zu leben."

Vater: Wir tun in unserer Familie alles, um nach deiner Lehre zu leben, und jede Situation im Haus ist davon durchdrungen, aber keines unserer Kinder interessiert sich wirklich dafür. Ich sehe kein Problem darin und möchte ihnen auch nichts aufdrängen.

Die Kinder brauchen kein Interesse an meiner Lehre zu bekunden, und ganz bestimmt sollte ihnen niemand etwas aufdrängen. Wie du sagst, ist die Situation im Haus davon durchdrungen, und sie wird durch dein Beispiel vermittelt, indem du mit den Kindern offen, mit Ehrlichkeit, Wahrheit und Liebe sprichst.

Es geht ja nicht um „die Lehre", nicht wahr? Es geht darum, was die Lehre in dir ist, denn du bist derjenige, der für die Kinder verantwortlich ist.

Mutter: Ich stelle fest, dass ich durch das Zusammenleben mit meinem zwölfjährigen Sohn sehr wach für die Wahrheit bleibe. Er hat eine scharfsichtige Art mich zu hinterfragen. Wenn er zum Beispiel denkt, dass ich nicht die Wahrheit sage, weist er mich darauf hin. Oder als ich neulich etwas zitierte, was du gesagt hattest, merkte er, dass es nicht von mir kam – ich lebte es selbst nicht –, und er nagelte mich sofort darauf fest.

Das ist gut. Und es ist gut für ihn, dass du diese Aufrichtigkeit bei ihm auch würdigst. Aus deiner Antwort kann er sehen, dass er einen guten Riecher hat – wenn es stimmt, was er wahrgenommen hat.

Er entwickelt sich zu einem richtigen Mann. Der Mann ist dazu da, dich zu hinterfragen, dich von deiner Ignoranz zu befreien. Ganz egal, wie alt er ist, wenn er die richtigen Fragen stellt, ist er der Mann, der dir Fragen stellt, damit du gereinigt wirst, damit du für Gott geläutert wirst. Das ist der Job des Mannes; und da er noch nicht so viel von der Last und der Ignoranz der Welt auf sich genommen hat, sind seine Fragen, wie du sagst, wohl wirklich gut und aufrichtig.

Wenn er einmal die Last der Welt auf sich nimmt, dann werden seine Fragen wahrscheinlich davon überschattet werden, worüber er nachgedacht hat, von seinen Sorgen und seinen sexuellen Geheimnissen. Im Moment ist die junge männliche Energie der Pubertät, die durch ihn fließt, noch relativ rein. Dieselbe göttliche Energie wird später allerdings bewirken, dass er sich in seinem Körper unglücklicher fühlt und unecht wird. Wenn er von sexuellen Gedanken beherrscht wird, dann wird er nicht mehr so aufrichtig sein können. Dann wirst du wahrscheinlich feststellen, dass er nicht mehr so gute Fragen stellt, weil er sich damit vor sich selbst bloßstellen würde.

Mutter: Ich merke schon, dass sich bei ihm etwas ändert. Manchmal sehe ich es an seinem Gesicht : „Oh nein, jetzt fängt sie schon wieder damit an....“ Dann hat er so einen Blick, der sagt: „Sei bloß still. Ich will es nicht wissen.“

Und beantwortest du in solchen Situationen seine Fragen? Oder versuchst du ihn zu belehren?

Mutter: Nun... Ich denke, meistens versuche ich, ihn zu belehren.

Es ist schön und gut, es zu versuchen und ihn auf Dinge hinzuweisen, aber er muss das, was du sagst, auf seine eigene Erfahrung oder seine Interessen beziehen können. Er wird denken: „Oh nein“, wenn du es für ihn nicht real machst. Und je mehr er jetzt in die Pubertät kommt, desto mehr wird er denken: „Oh nein!“ – weil er hinausgehen und in der Welt Erfahrungen machen will. Er wird denken, er sei der Wahrheit auf der Spur, aber er wird sich davon entfernen. Was für Fragen stellt er denn?

Mutter: Manchmal drehen sich seine Fragen um die Wahrheit. Wie zum Beispiel: „Wie kannst du glauben, dass das, was Barry Long sagt, die Wahrheit ist, wenn fast die ganze Welt es nicht als die Wahrheit hört? Er fragt, warum für mich die Wahrheit nicht dasselbe ist wie die objektive, wissenschaftliche Wahrheit der Welt.

Damit fordert er dich nur heraus. Man kann ihm einfach erklären, dass die Wahrheit, von der ich spreche, das innere Leben betrifft, das Leben der Liebe und nicht die objektive Wissenschaft. Das sind zwei verschiedene Bereiche. Meine Lehre wird dadurch real, dass jeder Mensch sterben muss. Ich kümmere mich um die Realität hinter dem Tod, womit sich die Wissenschaft natürlich nie befassen kann.

Vater: Ich fürchte, ich habe mit meinem Sohn, der jetzt sechzehn ist, einen Punkt erreicht, wo ich nicht mehr mit im reden kann, ohne dass er sofort reagiert. Er will sich einfach nichts sagen lassen, ganz egal, wie freundlich oder väterlich ich zu ihm bin. Vor zwei Jahren hätte ich noch sehr empfindlich auf ein derartiges Verhalten reagiert. Jetzt sehe ich, dass es niemandem gut tut. Ich kann ihn zu nichts überreden. Es ist sein Leben. Natürlich hätte ich es gerne, wenn er zu mir käme und mich um Rat fragte, aber ich denke, es hängt von ihm ab, nicht von mir. Ich kann nur für ihn da sein, wenn er kommen und reden will.

Ja, das ist die Botschaft für alle Eltern, die versuchen, ihr Leben durch ihre Kinder zu leben – die versuchen, ihnen zu sagen, was sie tun sollen und nicht tun sollen. Es wäre nur reines Schwelgen in deinen Emotionen, wenn du dich über ihn aufregen würdest. Aber du kannst trotzdem mit ihm darüber reden, ohne etwas für dich erreichen zu wollen.

„Mein Sohn, meine Erfahrung, die ich habe, da ich schon

eine ganze Weile auf dieser Welt bin, sagt mir, dass du es auf irgendeine Weise später bereuen wirst, wenn du den Weg weiter verfolgst, den du gerade gehst. Aber dein Leben ist dein Leben, und du wirst wahrscheinlich auf der anderen Seite herauskommen, weil es jeder überlebt – zumindest meistens. Du musst tun, was du zu tun hast. Ich habe selber den ganzen Blödsinn gemacht, den du wahrscheinlich machst, und ich habe es auch überlebt. Also wird es wahrscheinlich in Ordnung sein. Natürlich sage ich trotzdem, dass es besser wäre, es nicht zu tun, aber wenn du es willst, gibt es ein paar Dinge, auf die du aufpassen solltest, und auf die würde ich dich gerne hinweisen, wenn es für dich okay ist... Gut, mein Sohn, das war es, was ich sagen wollte. Nun geh deinen Weg."

Mann: Jeder Teenager muss doch früher oder später anfangen ein eigenes Leben zu führen, das von seiner Familie getrennt ist. Ist es dann nicht unvermeidlich, dass die Kommunikation abbricht, ob nun die Eltern die Wahrheit leben oder nicht?

Was immer du mit deinem Leben tust, ist die Wahrheit deines Lebens. Teenager entfernen sich deshalb von den Eltern, weil die Eltern den Kindern nicht sagen, was sie mit ihrem Leben tun. Sie haben sie nicht von Anfang an in die Familiensituation einbezogen. Deshalb beziehen die Kinder, wenn sie größer werden, die Eltern auch nicht ein. Als ich Teenager war, habe ich meinen Eltern nie irgendetwas erzählt. Mein Vater sagte immer: „Aha, da kommt die Geheimgesellschaft."

Hier ist ein Brief, den ich neulich bekommen habe. Er ist von einer Frau in Melbourne:

Sehr geehrter Herr Long,
ich habe noch nie zuvor jemandem auf diese Weise geschrieben, und ich weiß nicht, warum ich Ihnen schreibe. Ich bin einfach verzweifelt. Ich dachte, dass Sie mir vielleicht helfen können, aber ich verstehe, wenn Sie es nicht können. Mein Sohn ist fünfundzwanzig und lebt in Perth. Er ist schon seit fünf Jahren dort. Er arbeitet nicht und wohnt in einem Haus gemeinsam mit anderen. Mein Mann und ich haben versucht ihn dazu zu bringen, mit uns zu kommunizieren, aber er tut es nicht. Ich mache mir schreckliche Sorgen um ihn. Ich liebe ihn, aber weiß nicht, was ich für ihn tun kann.

Dieser Brief enthält viel Pathos und auch die wahre Liebe einer Mutter für ihren Sohn. Aber wie können Eltern erwarten, mit ihrem Sohn kommunizieren zu können, wenn sie nicht mit ihm kommuniziert haben, als er klein war? Wenn sie nicht über Liebe, Gott, das Leben, die Wahrheit und den Tod gesprochen haben? Wenn sie nur über Geld oder über Opa und Oma geredet haben oder darüber, wer die nächste Wahl gewinnen wird?

Das ist die Tragödie dieses schrecklich unwissenden Planeten, wie er von der menschlichen Gesellschaft repräsentiert wird. Kommunikation zwischen Mutter und Tochter, Vater und Sohn findet nicht statt, weil die Eltern mit den Kindern nicht darüber reden, was wirklich wichtig ist.

Was ist wichtiger als Liebe? Trotzdem wird in so vielen Familien dieses Thema sorgfältig vermieden, weil Unehrlichkeit und Verlegenheit über Sexualität da ist.

Ich war eingeladen, mit einer kleinen Gruppe von Teenagern an einer Oberschule in der Nähe meines Wohnorts über die Wahrheit von Liebe und Sex zu sprechen. Sie wussten, warum ich gekommen war und was das Thema war, und hatten die Erlaubnis ihrer Eltern erhalten. Aber sie waren noch nie jemandem wie mir begegnet. Es waren fünf Mädchen und ein Junge da, alle zwischen sechzehn und siebzehn. Ein paar andere Jungen waren abgesprungen aus Angst davor, was ihre Freunde sagen würden.

Ich fing an mit ihnen genau so zu reden, wie ich immer rede, wenn ich lehre oder ein Seminar gebe, und ich sprach ausführlich über den Unterschied zwischen Liebe und Sex. Sie waren begeistert.

„Warum können wir mit unseren Eltern nicht auch so reden?" fragte eines der Mädchen.

„Nun, warum könnt ihr das nicht? Das ist eine gute Frage. Es liegt daran, dass ich euch als Männer und Frauen behandle. Ich versuche nicht, euch Blödsinn zu erzählen. Ihr seid Männer und Frauen. Ihr seid genauso intelligent wie eure Mutter und euer Vater. Ihr seid genauso intelligent wie ich. Der einzige Unterschied liegt in unserer Lebenserfahrung. Obwohl ihr noch nicht so viele Erfahrungen gemacht habt, seid ihr intelligente Frauen und Männer, aber Erwachsene behandeln euch normalerweise so, als ob ihr das nicht wärt."

Ich hatte sie gebeten, mich zu unterbrechen, wenn irgendetwas von dem, was ich sagte, nicht stimmte, oder es zu bestätigen, wenn es für sie die Wahrheit war. Als ich sie fragte: „Spreche ich mit euch über die Liebe so, wie sie ist? Ist das, was ich sage, richtig? Ist es die Wahrheit?, nickten die Mädchen alle. Der Junge sagte: „Yeah!“ und grinste von einem Ohr bis zum anderen.

ANGST UND DIE DUNKELHEIT

KLEINE KINDER FÜRCHTEN SICH IMMER vor etwas, besonders vor der Dunkelheit. Was gibt es dort, wovor man sich fürchten müsste? Woher kommt die Furcht? Sie haben Angst vor einem dunklen, unerklärlichen Teil ihres Selbst, der tief unter dem bewussten Verstand liegt. Diese Furcht vor dem Selbst steckt in jedem von uns.

Kinder sind fasziniert von Horrorgeschichten und Gespenstern; und trotzdem haben sie Angst davor, wenn sie allein sind. Beliebte Kindergeschichten, Filme und Spielzeug zeigen verschiedene Arten von Monster. Die neueste Mode könnte ein Horrorfilm über Dinosaurier sein. Von klein auf werden Kinder im Fernsehen oder von Freunden vielen Bildern ausgesetzt, durch die diese Angst immer wieder bestätigt wird.

Mutter: So geht es meinem vierjährigen Sohn. Er hat ein eigenes Zimmer, aber er will nicht darin schlafen. Tagsüber spielt er dort, aber abends kommt er zu uns in Schlafzimmer zum Schlafen. Wenn wir ihn fragen, warum er nicht in seinem eigenen Bett schlafen will, sagt er, dass er Angst vor Monstern hat. Ich führe ihn im Haus herum, um ihm zu zeigen, dass nirgendwo etwas ist. Aber er hat trotzdem Angst.

Ja, es ist gut, mit ihm herumzugehen und ihn zu beruhigen. Schaut in alle Schränke, amit er sieht, dass es dort keine Monster gibt. Aber natürlich kann man Angst nicht mit rationalen Argumenten bewältigen. Du wirst sie nicht ganz vertreiben können.

Er ist noch zu klein, um mit ihm über unterbewusste Ängste zu sprechen, die Dinge in unserer Psyche, von denen wir alle uns bedroht fühlen; darüber kann man mit Kleinkindern nicht reden. (Etwas anderes wäre es, wenn er tatsächlich einen Geist oder irgendwelche übernatürlichen Erscheinungen sähe. Dann müsstest du richtig mit ihm darüber reden und seine Fragen beantworten.)

Versuche einfach, ihm zu helfen damit umzugehen. Wenn er mit Horrorgeschichten oder -filmen beschäftigt ist, dann lächle und sage: „Wenn es so etwas gibt, dann bestimmt nicht bei uns.“ Zeige ihm, dass es in diesem Haus nichts gibt, wovor man Angst haben muss. Und du kannst ihm sagen, dass Dunkelheit etwas Schönes ist. „Lass uns zusammen in dein dunkles Zimmer gehen, wir legen uns zusammen hin und spüren, wie gemütlich es im Dunkeln vor dem Einschlafen ist.

„Spürst du, wie kuschelig es im Dunkeln ist? Hörst du, wie still es ist?“

„Im Dunkeln ist einfach Nichts. In der Dunkelheit gibt niemals etwas. Ist das nicht schön, mit mir einfach so da zu liegen? Jede Nacht, wenn die Dunkelheit kommt, wachen alle Nachttiere auf, wie die Fledermäuse und die Eulen, und freuen sich an der Nacht. Und die Mäuse kommen heraus; sie spielen auf den Feldern und es ist eine schöne Zeit. Und auch die Bäume sind nachts wach. Den ganzen Tag lang haben sie mit ihren Blättern das Kohlendioxid und die verbrauchte Luft von allen Tieren und Menschen eingeatmet, und in der Nacht verarbeiten sie es und machen wieder Sauerstoff und schöne frische Luft daraus. Das ist auch ein Geschenk von der Nacht an uns. Wenn wir morgens das Fenster aufmachen, kommt die schöne frische Luft herein, und du kannst sie riechen, einatmen und spüren, wie frisch sie ist. Und außerdem ist die Nacht die Zeit, in der die Tautropfen herabfallen und alle Blumen und Pflanzen wieder frisch machen. In der Nacht wird es kühler, weil die Sonne nicht da ist, und dann bilden sich winzige Wassertröpfchen, die man nicht sehen kann, in der Luft und machen einen ganz feinen Dunst. Da die Tröpfchen kalt und schwerer als die Luft sind, kommen sie als Tau herunter und fallen ganz allmählich auf die Blumen und auf jeden Grashalm. Das ist der Tau, den wir morgens sehen, wenn wir aufwachen. Auf allen Pflanzen sind kleine Tautropfen, bevor die Sonne in den Garten kommt und ihn wieder aufwärmt. Das kommt alles von der Nacht."

„Die Nacht enthält all diese schönen Dinge, die zur Natur gehören. Und die Nacht ist die Zeit, in der wir schlafen gehen können, um uns zu erholen und wieder frisch zu werden."

„Siehst du, wie schön es ist, hier zu liegen? Es ist wunderschön. Lass dich also von der Nacht und vom Dunkeln beruhigen. Die Nacht ist sehr weich und sanft, und es gibt nichts in der Dunkelheit "

Mutter: Unser kleiner Sohn schläft immer bei uns im Bett, und wenn es Zeit zum Schlafengehen ist, wechseln wir uns ab, ihm eine Geschichte vorzulesen und mit ihm zu kuscheln. Oder wir singen ihm etwas vor, bis er einschläft. Er hatte noch nie Schwierigkeiten ins Bett zu gehen und schläft normalerweise leicht ein. Wenn ich morgens aufwache, kuschelt er sich meistens an mich. Jetzt wird er älter, und ich frage mich, wie lange das so weitergehen soll. Vielleicht machen wir ihn zu abhängig von uns? Ich habe mit anderen Eltern darüber gesprochen, und manche hatten Zweifel, ob es richtig ist, mit einem Kind das Bett zu teilen. Aber ich habe noch nie von einem Kleinkind gehört, das gerne allein schläft. Es kommt mir so vor, als müsste man es ihm aufzwingen, und dann gibt es Tränen und Widerstand.

Es spricht sehr viel dafür, einem Kind und besonders einem Baby so viel Körperkontakt wie möglich zu geben; zum Beispiel sollte man ein Baby mit sich herumtragen, so dass es fast immer Köperkontakt mit Vater oder Mutter hat. Ihr möchtet eurem Kind so viel Liebe wie möglich geben, und eure Motive, diese körperliche Nähe so lange wie möglich zu erhalten, sind absolut rechtschaffen. Aber als Eltern haben wir den Wunsch und die Pflicht, unseren Kindern die Fähigkeit zu vermitteln, mit der Welt zu Rande zu kommen. Je länger ihr ihn in eurem Bett habt, desto schwieriger wird das für ihn sein.

Ihr müsst anfangen, es ihm abzugewöhnen, immer bei euch zu schlafen. Und wenn er nicht schlafen gehen will, ohne dass ihr ihm etwas vorlest oder vorsingt, müsst ihr ihm auch das allmählich abgewöhnen. Es ist wunderbar, mit ihm zu kuscheln, aber wenn er nicht einschläft, ohne dass ihr mit ihm kuschelt, ist das Kuscheln bereits eine Gewohnheit geworden.

Ihr müsst das tun, was ihr für richtig haltet, aber ich meine, dass ihr ihn allmählich darauf vorbereiten solltet, in seinem eigenen Bett zu schlafen, und dann auch so bald wie möglich in seinem eigenen Zimmer.

Auch wenn es vielleicht zunächst schwierig für ihn ist, so haben Kinder doch eine außerordentliche Fähigkeit, sich an veränderte Situationen anzupassen und gehen durch bestimmte Phasen. Plötzlich haben sie diese Phase hinter sich, und was sie dabei erfahren haben, landet im Unterbewusstsein; es wird nicht mehr offen zu Tage treten.

Das erinnert mich daran, was mit meiner eigenen Tochter passierte, als sie ein Baby war. Ihre Großeltern kamen für eine Woche zu Besuch und verhätschelten sie sehr; vor dem Schlafengehen wanderten sie eine halbe oder ganze Stunde mit ihr herum, und der Großvater schaukelte sie dabei immer sie seinen Armen. Schaukel, Schaukel, hin und her!

Als sie nach einer Woche wieder weg waren, wollte das Kind nicht mehr einschlafen. Es war eine schreckliche Zeit für uns. Sie schrie einfach nur und hörte nicht mehr auf zu schreien. Eines Abends brachten wir sie aus lauter Verzweiflung ins Auto und fuhren eine Runde um den Block. Das wirkte. Die Bewegung des Autos war so ähnlich wie das Schaukeln von ihrem Großvater. Eine Zeitlang konnten wir nur dann unsere Nachtruhe bekommen, wenn wir sie vor dem Schlafengehen mit dem Auto eine Weile herumfuhren.

Wenn ich damals gewusst hätte, was ich heute weiß, hätte ich den Großeltern gesagt: „Nein, danke." Ich würde sie genau anleiten: „Ihr dürft sie auf den Arm nehmen, aber schaukelt sie nicht die ganze Zeit hin und her, dadurch wird sie angeregt. Sie wird davon abhängig."

Mutter: Neulich ist abends etwas passiert, was uns allen Angst gemacht hat. Tom (er ist vier) machte sich zum Schlafengehen fertig, als plötzlich sein Penis im Reißverschluss der Pyjamahose hängen blieb. Er schrie wie am Spieß. Es ist schwierig, in einer solchen Situation nicht in Panik zu geraten. Es war sehr beängstigend. Wir würden gerne wissen, wie man mit so etwas umgehen soll.

Es ist wichtig, die Kinder, sobald sie in der Lage sind es zu verstehen, darüber zu informieren, dass sie genau so wie wir alle in einem Körper leben, der verletzt werden kann. Wir alle können uns einen Zeh verstauchen oder uns aus Versehen schneiden. Deshalb müsst ihr in euren Gesprächen mit den Kindern sie schon vorsorglich informieren: „Wenn du dir einmal weh tust und es dir Angst macht, dann sollst du wissen, dass Mama und Papa alles tun werden, was sie können, um es so schnell wie möglich wieder heil zu machen. Wenn irgendetwas passiert und du dir wehtust, werden wir uns um dich kümmern."

Es ist unvermeidlich, dass das Kind hinfällt und sich das Knie aufschürft oder in irgendeine erschreckende Situation gerät, wie die, wovon du berichtet hast.

„Es wird wieder alles gut. Sei ganz ruhig. Alles wird wieder gut. Wir bringen das wieder in Ordnung. Sei still. Wir kümmern uns darum. Wir wissen, was zu tun ist. Versuche, so ruhig und still zu sein, wie du kannst, und es wird wieder in Ordnung sein."

Mutter: Etwa eine Stunde, nachdem Ben schlafen gegangen ist, steht er plötzlich mit weit aufgerissenen Augen da und schreit: „Ich will zu Mama!" Aber er kann mich weder sehen noch hören. Er geht nach unten, läuft sehr schnell im Kreis herum, ohne auf seine Spielsachen zu treten oder irgendwo anzustoßen, und redet etwas vor sich hin, was ich nicht verstehe. Nach zehn oder fünfzehn Minuten wacht er auf und erinnert sich an nichts. Ist es das Beste, ihn in diesem Zustand zu lassen, oder soll ich versuchen, ihn aufzuwecken?

Ein Kind, das schlafwandelt, wird von einem Bereich der Psyche gesteuert, der jenseits unseres Verstehens liegt. Ich rate dir das zu tun, was meine Mutter mit mir getan hat, wenn ich schlafwandelte – oder was immer ich da machte. Sie kam zu mir und sprach ganz sanft mit mir.

„Hallo, Liebling, es ist gut, es ist alles gut ..." Dann legte sie ganz sacht die Hand auf meine Schulter oder nahm meine Hand: „Kommst du jetzt zurück ins Bett?"

Sie führte mich sanft zurück. Wenn sich das Kind wehren sollte, müsstest du so handeln, wie es dir im Moment richtig erscheint, aber ich erinnere mich nicht, dass ich mich jemals gegen die liebevolle Art meiner Mutter gewehrt hätte, wenn sie mich zurück ins Bett brachte, mir einen Kuss gab und sagte: „Es ist gut. Gute Nacht und bis morgen früh."

Das ist der einzige Rat, den ich dir geben kann. Bring das Kind zurück ins Bett, indem du es liebevoll ansprichst und berührst und es so ruhig wie möglich führst. Und am Morgen sollte man den Vorfall nicht erwähnen, wenn das Kind nicht selbst darüber spricht.

Laura ist acht. Ihre Eltern sind vor kurzem mit ihren zwei Kindern von Amerika nach England gezogen. Laura hatte Schwierigkeiten. sich an die neue Situation anzupassen. Ich fragte sie, ob sie mit mir darüber sprechen möchte, und sie kam mit ihrer Mutter zu mir.

Laura: Wenn ich abends schlafen gehe, rege ich mich auf und kann nicht schlafen, weil ich mein Zuhause in Amerika vermisse.

Nun, es ist wichtig für dich, nichts zu vermissen und nicht zurück zu denken. Du bist von einem Zuhause weggegangen und hast jetzt ein neues Zuhause. Das Geheimnis liegt darin, nicht mehr an Amerika zu denken, damit du nicht enttäuscht bist. Wenn du irgendwann mal wieder nach Amerika gehst, wirst du dort sein. In der Zwischenzeit bist du hier. Und du bist ja gerade erst angekommen, nicht wahr? Es ist noch nicht so lange her. Du wirst dich also allmählich daran gewöhnen.

Ich sage immer, wenn wir umziehen, dauert es ungefähr drei Monate, bis man anfängt richtig da zu sein. Gib dir ein bisschen Zeit, und du wirst sehen, dass neue Freunde zu dir kommen werden, oder du wirst früher oder später auch deine alten Freunde wieder treffen. Aber du musst dein Leben dort leben, wo du jetzt bist, sonst wirst du unglücklich sein.

Laura: Aber es hat mir in Amerika so gut gefallen.

Wenn dir dein Leben in Amerika gefallen hat, dann kannst du es einfach so sein lassen, und es wird wieder kommen. Aber es ist besser, nicht darüber nachzudenken, weil dich das unglücklich macht. Weißt du, wenn du etwas wirklich sehr gerne magst, dann brauchst du nicht darüber nachzudenken. Manchmal sage ich zu jemandem, dem ich das klar machen will: „Ich liebe dich zu sehr, um an dich zu denken." Weißt du, in wie vielen Ländern ich gelebt habe und gewesen bin? Australien, Indien, England... Und ich bin quer durch Amerika gereist und überall in der Welt gewesen – ich weiß nicht, wie viele Male. Damals, als ich von Australien zum ersten Mal weggehen musste, dachte ich, mein Leben wäre zu Ende. Genauso wie du Amerika liebst, habe ich Australien geliebt. Aber nachdem ich viele Jahre fort war, lebe ich jetzt schließlich wieder in Australien.

Mach einfach das Beste daraus. Denke nicht daran, was du nicht hast, dann wird schon alles gut werden.

Laura: Kann ich dich etwas anderes fragen? Über Träume...

Warum wache ich nachts davon auf, dass ich schlecht geträumt habe? So wie gestern Nacht…

Kannst du dich an den Traum erinnern? (Sie schüttelte den Kopf). Kannst du noch spüren, wie sich das in deinem Bauch angefühlt hat? Fühlst du noch etwas davon in dir?

Laura: Nein, ich hatte nur Angst. Dann bin ich wieder eingeschlafen.

Nun, ich kann dir sagen, was passiert, wenn wir schlecht träumen. Eine Energie steigt auf von ganz tief innen in unserem Körper. Sie kommt hervor, als ob sie an einem vibrierenden Draht hinge. Die Bilder von dem Traum sind fort, aber die Vibration bleibt in mir, und manchmal kann ich spüren, dass es immer noch da ist. Ich weiß nicht, was ich geträumt habe, aber ich kann es immer noch in mir spüren.

Mutter: Ich glaube, ich war mehr davon beunruhigt als Laura. Sie wachte auf und hatte offenbar einen schlimmen Traum. Ich fragte sie gleich, was passiert war, aber sie schlief gleich wieder ein.

Was immer es war, es hat ihr Unterbewusstsein beunruhigt und in ihr vibriert. Irgendwelche Bilder, die ihr Gedächtnis nicht festhalten konnte, haben ihr Unterbewusstsein informiert. Wenn sie von einem schlimmen Traum beunruhigt aufwacht, ist es natürlich richtig sie zu beruhigen. Aber lenke sie nicht von der Energie des Traums ab. Lass sie den Traum spüren, aber nimm sie gleichzeitig in den Arm.

„Es ist gut. Mami ist hier. Du brauchst keine Angst zu haben. Du hast geträumt und jetzt wirst du wach, und Mami ist hier. Willst du mir erzählen, was passiert ist? Kannst du spüren, was in deinem Bauch passiert? Es ist nichts, wovor du Angst haben musst. Kannst du meine Arme um dich spüren? Alles ist gut, du kannst jetzt wieder schlafen."

Sprich mit ihr auf diese Weise und achte darauf, dass du deine eigene Unruhe nicht auf das Kind überträgst.

Mutter: Ich neige tatsächlich dazu, beunruhigt zu sein, wenn ich sehe, dass sie einen Alptraum hat. Ich glaube, ich hatte damals auch oft schlimme Träume, als ich in ihrem Alter war.

Dann kannst du aus eigener Erfahrung verstehen, was Träume sind und wozu sie da sind. Manchmal werden wir von einem Alptraum wach, und obwohl kein Bild da ist, können wir den Traum noch Stunden später in uns spüren, wie er im Unterbewusstsein vibriert. Etwas aus den tiefsten Tiefen der menschlichen Erfahrung in uns ist durch die Welt eines Traums nach oben gedrungen – in die Zwischenwelt oder das Unterbewusstsein, wo diese Dinge geschehen. Es erreicht nicht die bewusste Ebene, außer dass wir davon wach werden und ein Gefühl des Grauens haben und wissen, dass irgendetwas vorgeht. Egal, wovon der Traum handelt, er hat etwas damit zu tun, dass man Erfahrungen aus der Vergangenheit noch einmal erlebt, um sich damit auseinanderzusetzen. Diese Vergangenheitsbewältigung wird von einer Intelligenz im Unterbewusstsein ausgeführt, die dort etwas verarbeitet. In Träumen trete ich der Vergangenheit in mir selbst gegenüber. Aber es ist nicht unbedingt meine unmittelbare persönliche Vergangenheit, nicht einmal die Vergangenheit zu meinen Lebzeiten, sondern die Vergangenheit der gesamten menschlichen Rasse und der Erde, aus der wir entstanden sind.

Wir brauchen unser Selbst nicht als „persönlich" zu betrachten, nicht mehr als es nötig ist. Wir sind so weit wie das Leben selbst. Je mehr wir zu dieser Weite werden, desto weniger identifizieren wir uns mit unserer kleinen Person und ihren Vorlieben und Abneigungen.

Die Vergangenheit in meinem Selbst geht so tief wie die Erde. Bis zum tiefsten Kern steht die Erde für die Vergangenheit, die in jedem von uns ist. Sie steht für mein Selbst als das vergangene Leben aller Spezies, die jemals zum Leben auf diesem Planeten beigetragen haben. Dinge, die absolut jenseits meines Horizonts liegen, kommen aus der Vergangenheit der Spezies in mir zum Vorschein, und manches davon kann sehr beunruhigend sein. Das ist der Grund für Alpträume.

Da all diese Dinge sich in unserer Psyche abspielen, können wir das Gefühl bekommen, dass eine übersinnliche Präsenz in unserer Nähe ist. Es kann sehr beunruhigend sein, weil diese Präsenzen keinen Körper haben. Jeder Traum ist körperlos.

Vater: Was würdest du zu einem Kind sagen, das sagt, es sieht, wie sich nachts seinem Schlafzimmer Dinge hin und her bewegen? Ich will ihn nicht ängstigen, indem ich ihm von Geistern erzähle.

Woher haben wir die Vorstellung von Geistern? Von Leuten, die nichts über die Psyche wissen. Wenn unsere Kinder nur die Wahrheit über die Psyche hören könnten, hätten sie keine Angst vor Geistern. Aber unsere dumme Gesellschaft erschreckt sie mit Gespenstern und ängstigt sie mit Vorstellungen vom Bösen oder etwas Schrecklichem, anstatt ihnen die Wahrheit zu vermitteln, nämlich das Gute.

Folgendes solltest du deinem Kind vermitteln:

„Es gibt einen anderen Ort, den nennt man die Psyche. Manchmal kommen Dinge von dort hierher in unsere Welt. Aber sie haben keine körperliche Welt, und deshalb haben sie keine wirkliche Existenz. Wenn du so etwas nachts in deinem Zimmer siehst, dann denke daran, dass es deinem Körper nichts antun kann. Nichts von dem, was wie ein Traumbild vor dir erscheint, kann dir jemals etwas antun. Und du brauchst keine Angst davor zu haben, denn wenn du dich darüber aufregst, bekommt es durch deine Angst mehr Kraft."

Die meisten Menschen – und insbesondere die Wissenschaftler – wissen nichts von der psychischen Welt, weil sie viel zu beschäftigt sind mit ihren Hypotheken und mit ihren Computern, um die Wahrheit über Liebe, Leben, Tod und Gott zu entdecken. Wären die Medien und die Wissenschaftler nicht dermaßen ahnungslos bezüglich der psychischen Welt, dann hätten die Menschen viel weniger Angst und würden nicht so viele Ängste auf ihre Kinder übertragen.

Hast du schon einmal einen Geist in deinem Zimmer

oder sonst irgendwo gesehen? Hast du schon einmal eine Erscheinung am Fußende deines Betts gesehen? Diese Dinge kommen viel häufiger vor, als es die Leute normalerweise zugeben.

Ich war gerade in England, hatte aber vorher ein paar Tage mit meiner Mutter in ihrer Wohnung in Sydney verbracht. Ihr Herz hatte ihr ein bisschen Probleme gemacht, und sie machte sich Sorgen darüber. Sie kam aus der Küche und schaute zu dem Stuhl in der Ecke hinüber, und da saß ich – wie am helllichten Tag klar sichtbar für sie. Sie war sehr schockiert, mich da sitzen zu sehen, da sie ja wusste, dass ich in England war. Dann verschwand ich plötzlich. Danach machte ihr das Herz keine Probleme mehr, sagte sie. Die Schmerzen waren einfach weg.

Hat sich meine Mutter das etwa nur ausgedacht? Oder geschehen solche Dinge die ganze Zeit überall auf der Welt?

Warum solltet ihr vor den Wunderwerken der Psyche Angst haben? Wollt ihr etwa nicht sehen, was vor sich geht? Warum lasst ihr euch nicht auf eine Welt ein, die so außergewöhnlich ist, dass sie nicht beschrieben werden kann? Dann wird es euch vielleicht so ergehen wie mir, als mir nachts Visionen erschienen. Ich sagte mir: „Nein, ich werde das Licht nicht anschalten. Ich will es sehen. Lass mich sehen, was hier passiert."

Die Vision kommt aus der Zwischenwelt zwischen dieser gegenständlichen Welt und der Ewigkeit. Sie erscheint in deiner Psyche, kann aber keine körperliche Form annehmen. Aus der Existenz zu kommen und eine körperliche Form anzunehmen, ist sehr schwierig und zeitaufwändig, wie wir alle wissen. Das Wesen aus der Welt der Psyche muss jedoch trotzdem kommen und bewegt sich mit einer für uns unvorstellbaren Geschwindigkeit. Es kann allerdings nicht lange bleiben.

Da ist es – sehr klar zu sehen. Dann zerfällt es wieder, löst sich auf, denn es kann seine Präsenz in der Welt der Materie nicht halten. Es ist dein Verstand, der es sieht, aber es kann in der Vergangenheit deines Verstands nicht leben.

Dein Verstand ist verwirrt: „Was ist hier los? Lass mich das bloß nicht sehen!" Während er versucht, die Vision zu vermeiden, bleibt das Ding da. Aber nach ein paar Sekunden sammelt sich der Verstand wieder. Sobald er versucht, ins Gedächtnis zu gehen oder darüber nachzudenken, was gerade geschieht, verschwindet das Ding.

Solche Dinge verschwinden immer, weil wir zwischen ihnen und uns zu viel von der Vergangenheit einschalten. Deshalb können Wissenschaftler sie nicht erkennen, und deshalb verschwinden sie vor Forschern und Journalisten. Und deshalb ist sehr viel wahrscheinlicher, dass Kinder diese psychischen Phänomene sehen, weil sie geistig offener sind und weniger Vergangenheit haben.

DIE LIEBE HAT VORRANG

MANN UND FRAU MÜSSEN IHRE LIEBE zueinander vor die Liebe zu ihrem Kind stellen. Sonst werden die Partnerschaft und die Familie früher oder später zusammenbrechen. Die Eltern entfernen sich voneinander, aber versuchen sich durch die Kinder weiter zu lieben. Wenn nur noch wenig Liebe zwischen ihnen übrig ist, werden die Kinder zum Hauptgrund, warum sie noch zusammen bleiben. Und eine Familie ohne Liebe zusammen zu halten, ist der lebendige Tod – kein Zusammenleben. Ob Mutter und Vater es zugeben wollen oder nicht – das Familienleben wird zu einer kaum mehr zu verbergenden Last, wobei sich ab und zu mal eine vorübergehende Erleichterung einstellt, aber die Hoffnung auf ein wirklich harmonisches Zusammenleben ist nicht mehr da.

Alles ist gut, wenn das gemeinsame Ziel darin besteht, mit möglichst wenig Disharmonie zusammen zu leben. Wenn Mann und Frau ihrer Liebe Vorrang geben und in aufrichtiger Liebe zusammenleben, ist für alles andere gesorgt, und die Kinder sind am richtigen Platz.

Alles ist immer am richtigen Platz, wenn Mann und Frau eins sind darüber, was richtig und wahr ist.

Die Liebe wird nicht dadurch beeinträchtigt werden, dass

man Rücksicht darauf nimmt, was bequem oder praktisch ist oder was in der Gesellschaft moralisch akzeptabel ist.

Der Liebe den Vorrang zu geben, bedeutet auch, dass dann, wenn die Eltern nicht mehr in Liebe verbunden sind, einer von ihnen unweigerlich das Haus verlässt. Auch unter der schmerzhaften Belastung und bei den Konflikten in dieser Situation, muss die Liebe weiterhin Vorrang haben. Wenn ausreichend Liebe da ist, kann die Liebe alle Sorgen um die langfristigen Konsequenzen für die Sicherheit und das Wohlergehen der Kinder auflösen.

Eine getrennte Familie kann immer noch eine richtige Familie sein. Wenn die Wahrheit der Situation gelebt wird und ausreichend Liebe da ist, können die Schwierigkeiten, vor denen eine allein erziehende Mutter oder ein allein erziehender Vater steht, und der Druck, unter dem alle Mitglieder einer getrennten Familie stehen, bewältigt werden. Es ist natürlich nicht einfach, auf diese Weise zu leben. Aber wenn ihr der Liebe Vorrang gebt, werdet ihr feststellen, dass es funktioniert. Gleich zu Beginn der neuen Situation ist es wichtig, mit den Kindern offen darüber zu reden, was sich geändert hat. Und wenn die Familie getrennt lebt oder die Kinder mit einem ihrer leiblichen Eltern nicht mehr zusammenleben, ist es umso wichtiger, Regeln für das Zusammenleben aufzustellen.

Wenn ihr mit den Kindern darüber redet, merkt euch die folgenden wichtigsten Punkte:

- Teilt ihnen die Tatsachen der ganzen Situation mit und bezieht sie in das, was geschieht, ein.
- Beantwortet ihre Fragen, allerdings ohne irgendetwas vorwegzunehmen.
- Informiert jeden, den es betrifft, darüber, was ihr mit eurem Leben tut.

Wenn ihr für die Kinder eines neuen Partners Verantwortung übernehmt:

- Legt fest, dass es das gemeinsame Ziel der Familie ist, in Harmonie zusammenzuleben ohne unglücklich zu sein.
- Macht klar, wer im Haus die Entscheidungen trifft und dass gewisse Regeln notwendig sind. Jeder muss seinen Beitrag zu einem harmonischen Zuhause leisten.

„Wir alle werden hier zusammen leben, deshalb ist es wichtig darüber zu reden, wie wir das am besten hinkriegen. Ich möchte, dass ihr ein paar Dinge über mich wisst, also werde ich euch etwas von meinem Leben erzählen und was für mich wichtig ist. Ihr könnt mich immer fragen, wenn ihr etwas nicht versteht oder unglücklich über etwas seid.

Zuerst einmal wisst ihr, dass ich hier bin, weil ich eure Mutter liebe. Liebe ist der Grund, warum ich hier bin, und weil wir uns lieben, wird dieses Haus ein Haus der Liebe sein. Es geht in meinem Leben darum, eine höhere Wahrheit oder Liebe in mir selbst zu finden. Das heißt, dass ich mich bemühen muss, ehrlich zu sein und mehr zu geben und jeden Tag Wahrheit in die Situation zu bringen. Ich werde ebenso für euch sorgen wie eure Mutter, und ich muss euch gegenüber Gerechtigkeit und Verantwortung zeigen. Wenn wir nicht mit Gerechtigkeit, Wahrheit und Liebe erzogen werden, wachsen wir verwirrt und unglücklich auf, und dann finden wir uns in der Welt nicht zurecht.

Wenn ich von Gerechtigkeit spreche, dann meine ich damit, dass nicht ein Gesetz für euch und ein anderes für mich gelten kann. Die Regeln des Zusammenlebens, über die wir uns einigen werden, müssen für uns alle gelten. Wenn wir nun in Harmonie leben wollen, besteht die wichtigste Regel, die zu leben wir uns bemühen müssen, darin, dass dieses Haus so frei von Unglück sein soll, wie es uns möglich ist. Und es wäre dumm, sich darüber nicht einig zu sein, oder?

Manchmal werden wir uns zusammensetzen und darüber reden, wie es uns geht. Da eure Mutter und ich uns beide bemühen auf diese Weise zu leben, werdet ihr vielleicht Veränderungen feststellen an der Art, wie die Dinge laufen. Aber es werden Verbesserungen sein, vorausgesetzt, wir alle erinnern uns an die Hauptsache, nämlich nicht unglücklich zu sein, und dass wir hier zusammen sind, um mit unserer Liebe zum Leben und unserer Wahrheitsliebe zur Harmonie in diesem Haus beizutragen.

Wir werden eine Familie sein. Eine Familie zu sein bedeutet, dass wir alle zusammen darin sind. Wir alle werden uns bemühen möglichst so zu leben, dass wir frei davon sind unglücklich zu sein. Ich werde meine Wut oder schlechte Laune so schnell, wie ich kann, wieder aufgeben, und eure Mutter wird das auch tun. Aber es hat keinen Zweck, wenn wir es tun und ihr nicht. Wenn ihr also unglücklich seid, bemüht ihr euch bitte es aufzugeben, wenn wir euch darauf hinweisen? Es wird uns allen nicht immer gelingen, aber wir werden unser Bestes tun.

Wir tun das nicht für uns selbst. Wir werden es für uns alle zusammen tun. Das macht uns zu einer richtigen Familie. Zu diesem Zweck sind wir eine Familie."

Mann: Besteht in dieser Situation nicht die Gefahr, dass man eine Reaktion auslöst? Die meisten Jugendlichen werden sich wehren, wenn jemand ihnen eine „Predigt" hält. Sollen sie denn zu deiner Lehre „bekehrt" werden?"

Wahrheit wird ebenso wie Liebe demonstriert, indem man sie jetzt vorlebt. Für diejenigen, die deiner Obhut anvertraut sind, kannst du ein Vorbild sein, ein Mensch, der auf praktische Weise die Wahrheit des Lebens vermitteln kann, wie du sie für dich erkannt hast. Durch Freiheit von Emotionalität kannst du ihnen zeigen, dass es möglich ist, nicht mehr unglücklich zu sein. Und indem du für sie da bist, ehrlich bist und dich einlässt, kannst du ihnen zeigen, was Liebe ist. Versuche niemals irgendjemanden zu ändern.

Die Liebe, die du bist, oder die Wahrheit in der Situation oder das Leben selbst bewirken die Veränderung. Du bittest deine Familie lediglich darum, dass sie ihr Bestes tut, um in Liebe, Ehrlichkeit und Wahrheit zusammenzuleben, und gleichzeitig unterstützt du sie dabei, ihr eigenes Leben zu leben.

Mann: Gut, das ist macht Sinn. Ich selbst stoße manchmal auf Reaktionen bei anderen Leuten. Einer meiner Kollegen stellt mir ständig Fragen und möchte mit mir diskutieren. Aber er ist ausgesprochen skeptisch, was die Wahrheit betrifft.

Du könntest ihm sagen: „Ich erzähle dir nur, wie es für mich ist. Ich bemühe mich, mehr Wahrheit und Liebe in meinem Leben zu finden. Aber das heißt nicht, dass dies auch für dich so ist. Und es bedeutet auch nicht, dass in dir keine Liebe und Wahrheit ist. Vielleicht hast du viel mehr davon als ich. Ich beschuldige dich weder, noch mache ich dir Vorwürfe oder verteidige hier irgendetwas. Ich beantworte nur deine Fragen, so gut ich kann, und sage dabei die Wahrheit, wie ich sie sehe oder erfahren habe."

In der Welt musst du geradliniger sein, um dich von emotionalen Menschen nicht unter Druck setzen zu lassen. Durch die Emotion – die Abwesenheit von Liebe – werden Menschen unehrlich und rechthaberisch. In der Familie – wenn schon nicht in der Welt – kannst du aber die Emotionen draußen lassen. Wenn du zu Hause emotional bist, musst du so ehrlich sein es auszusprechen, worüber du dich aufregst. Dann kannst du deiner Partnerin oder deinem Partner oder dem Kind gegenüber treten und dich frei davon machen.

Vergesst nicht: In einem Haus der Liebe dürfen keine emotionalen Forderungen gestellt werden.

Mutter: Ich fühle mich hin und her gerissen zwischen meinem Partner und meiner Tochter. Sie ist jetzt sechseinhalb, und John ist vor fast zwei Jahren zu uns gezogen. Aber zu dritt sind wir offenbar nicht in der Lage glückselig zu sein… Von beiden kommen mehr Forderungen, als ich verkraften kann.

Sei vorsichtig mit dem Gebrauch des Wortes „glückselig“ – es erweckt eine Vorstellung, die nicht real ist. „Harmonie“ ist ein besseres Wort.

Niemand kann Forderungen verkraften. Es spielt keine Rolle, wie viel Liebe du hast, sie wird Forderungen niemals erfüllen können, denn Forderungen hören nie auf, bekommen nie genug. Wenn du zulässt, dass dein Kind oder dein Partner Forderungen an dich stellen, ruinierst du damit dein Leben. Du musst reinen Tisch mit ihnen machen, und ich schlage vor, du fängst mit deinem Partner an.

Mutter: Ja, ich höre das. Eines der Probleme, die John und ich miteinander haben, ist unsere unterschiedliche Vorstellung davon, was es heißt, gute Eltern zu sein.

Wenn es nur einen Weg gäbe, gute Eltern zu sein, warum wärt ihr dann zu zweit? Wenn du mit deinem Partner in Liebe zusammenkommen kannst, könnt ihr zusammen schauen, was am besten ist. Wenn ihr euch nicht einig seid, wie man es tut, bietet ihr den Emotionen deiner Tochter eine geteilte Abwehrmöglichkeit. Das wird sie ausnützen und euch gegeneinander ausspielen. Ihr müsst also zusammenkommen. Ihr habt ein gemeinsames Ziel – ihr beizubringen, nicht mehr so unruhig und fordernd zu sein. Worüber bist du denn mit deinem Partner uneinig?

Mutter: Darüber, wie weit unsere Geduld reicht, wie lange sie braucht um etwas zu lernen.

Wenn du mit den Forderungen deiner Tochter zu nachsichtig gewesen bist, ist es ihr wahrscheinlich in Fleisch und Blut übergegangen, dass sie immer erfüllt werden. Es wird eine ganze Weile dauern, dies wieder rückgängig zu machen. Das erfordert Zeit und Geduld. Ihr müsst sehr konsequent mit ihr sein und dürft ihr nicht erlauben Forderungen zu stellen. Ihr dürft nicht nachgeben, bis sie sich ändert, was bei Kindern sehr schnell gehen kann. Ihr müsst ihr, wenn nötig, jeden Tag sagen, was eine Forderung ist und was Liebe ist.

„Du musst verstehen, dass du kein Recht hast, irgendetwas zu fordern. John lebt mit uns zusammen, und er und ich tun alles, um dir ein Zuhause zu geben. Wir gehen arbeiten, um das Geld dafür zu verdienen. Wir machen das Haus sauber. Und da wir uns um alles kümmern, sind wir verantwortlich. Also hast du kein Recht Forderungen zu stellen. Aber wir leben in einem Haus der Liebe. Obwohl John hart arbeitet und ich auch, lieben wir dich und werden dir alles geben, was wir können. Dafür musst du uns deine Liebe zurückgeben. Forderungen zu stellen ist keine Liebe. Darum haben John und ich vereinbart, dass wir aufhören dir zu geben, was du von uns forderst. Das wird dich ärgern. Du wirst enttäuscht sein. Und du wirst merken, dass es besser ist, deine Forderung aufzugeben. Und wenn du sie aufgibst, wirst du merken, dass Harmonie in unser Haus kommt. Dann wird es uns eine Freude sein, dir zu geben, was du brauchst."

Frau: Ich bin allein erziehende Mutter und lebe mit meinem dreizehnjährigen Sohn zusammen. Es fällt mir manchmal schwer, seine Fragen zu beantworten, und ich frage mich, ob ihm nicht etwas fehlt, weil keine männliche Vaterfigur im Haus ist.

Es ist eine Tatsache in seinem Leben, dass er nicht mit seinem Vater zusammenlebt. Sein Vater ist woanders, also scheint es offenbar notwendig zu sein, dass er nicht mit seinem Vater zusammenlebt. So ist es nun einmal.

Das Leben ist sich selbst genug. Auf irgendeine Weise dient diese Situation seiner Entwicklung. Das heißt nicht, dass es immer so bleiben muss, und das Leben bringt manchmal überraschende Wendungen. Aber im Moment muss es so sein, wie es ist.

Damit will ich nicht leugnen, dass du als seine Mutter siehst, dass es gut für ihn wäre, mit einem männlichen Vorbild aufzuwachsen. Ich bitte dich jedoch genau hinzuschauen, ob nicht auch bei dir ein Bedürfnis da ist – der Wunsch nach einem Partner? Wenn du eine Situation durch deine eigenen Wünsche gefiltert siehst, kann es sein, dass du dein eigenes Bedürfnis auf deinen Sohn projizierst.

Mann: Ich habe keine eigenen Kinder, aber meine Freundin hat einen Jungen und ein Mädchen. Wir leben nicht zusammen, aber ich bin oft bei ihnen. Die Kinder sehen ihren Vater manchmal am

Wochenende, aber ich werde allmählich wie ein Vater für sie. Welchen Rat hast du für mich in dieser Situation?

Liebst du die Frau? Weißt du, dass ein Sinn in deiner Liebe ist? Weißt du, dass ihr eine Bestimmung erfüllt, wenn ihr einander Liebe gebt und in der Partnerschaft zusammen tiefer geht?

Mann: Oh ja! Und ich überlege mir, mit ihr zusammenzuziehen. Aber ich bin mir nicht sicher, ob ich für die beiden Kinder Verantwortung übernehmen will.

Sie kommt mit zwei Kindern. Das ist die Situation. Es ist nicht gut darüber nachzudenken, wie die Kinder deine Freiheit einschränken könnten. Erlaube dir nicht zu denken: „Oh, aber was ist, wenn..."

Warum lässt du dich nicht auf alle ein? Warum ziehst du nicht bei ihnen ein? Und wenn du es tust, dann geh den ganzen Weg – ohne Vorbehalte. Wenn es nicht klappt, was hast du verloren? Du könntest aber etwas gewinnen, das von Dauer ist. Lass dich darauf ein und ziehe zu ihnen. Gib, gib! Und noch einmal: Gib! Und schafft zusammen eine richtige Familie.

Mutter: Ich bekam ein Kind, als ich noch sehr jung war. Ich war damals nicht in der Lage, mich um das Kind zu kümmern und eine gute Mutter zu sein. Deshalb wurde mir das Kind weggenommen.

Jetzt ist alles anders. Ich bin mit einem Mann zusammen, den ich liebe, und hätte gerne noch ein Kind. Aber ich habe oft noch starke Schuldgefühle, wenn ich an mein erstes Kind denke.

Was geschieht jetzt, das dir Schuldgefühle wegen deines Babys macht? Etwas in deinem Leben lässt dich jetzt an das Kind denken. Es könnte einfach etwas sein, das du in deinem Kopf mit ihm in Verbindung bringst. Ich schlage vor, dass du in dir nach der Verbindung suchst. Wahrscheinlich weißt du, was es ist. Aber was immer es ist, du kannst mit dem Problem, mit deinem Schuldgefühlen nur fertig werden, wenn du weißt, dass das, was in deinem Kopf ist, nicht jetzt ist.

„Ich liebe meinen Sohn. Ich weiß nicht, was mit ihm passiert ist oder wo auf der Welt er jetzt ist. Aber ich werde meine Liebe für ihn behalten, die ich jetzt in mir spüren kann, und wenn es sein soll, dann wird uns das Leben irgendwo auf der Welt zusammenbringen, oder ich werde mich auf die Suche nach ihm machen und ihn finden."

Auch wenn es grausam klingt, musst du den Bezug zur Vergangenheit ganz draußen lassen, sonst wird sie dich belasten. Sobald du beginnst der Schuld Leben zu geben, wird sie wachsen. Sie frisst deine Lebendigkeit auf, und du wirst dich immer schuldiger fühlen. Wenn dieses Stück deines Selbst immer stärker wird, wird es zwischen dir und deinem neuen Partner stehen. Beim Liebesakt wird es wie ein Schatten hinter euch stehen und dich von deiner Liebe abschneiden. Du musst es loswerden.

Du solltest nicht in Gedanken und Träumen über deinen

Sohn schwelgen. Die Welt des Träumens und Denkens ist ein sehr starker Magnet, der dich anzieht. Sie will in dir existieren, weil sie von einem Wesen besetzt ist, das unglücklich ist und sich von Leiden ernährt. Und der Weg, auf dem dieses Wesen in die Menschen hineinkommt, besteht aus sentimentalen Gefühlen. Du brauchst keine Sentimentalität. Du liebst deinen Sohn, das ist alles.

Nicht an ihn zu denken, heißt ihn zu lieben, denn dann überlässt du ihn Gottes Händen oder du überlässt ihn dem Leben. Das ist Liebe – unpersönliche Liebe.

Jedes Mal wenn du oder dein Geliebter fragt: „Hast du an mich gedacht? Hast du mich vermisst, Liebling?", ist es persönliche Liebe. Will man jemanden dazu bringen, an der Vergangenheit festzuhalten, ist es persönliche Liebe. Jedes Mal wenn Eltern, Großeltern, Tanten oder Onkel zu einem Kind sagen: „Hast du mich vermisst?", bringt der Erwachsene dem Kind bei, an der Vergangenheit festzuhalten, an sentimentalen Gefühlen and persönlicher Liebe, und man kann davon ausgehen, dass es unglücklich sein wird.

Höre auf an der Vergangenheit festzuhalten. Sie ist aus und vorbei. Gib dich nicht mehr deinen Schuldgefühlen hin. Bleibe bei der Liebe, die du jetzt bist.

Mutter: Mein Partner hat einen vierjährigen Sohn aus einer früheren Beziehung, der am Wochenende zu uns kommt. Ich bin also Teilzeitmutter für einen Jungen, der nicht mein eigenes Kind ist und den Rest seines Lebens in einer Familie verbringt, die sehr anders mit ihm umgeht. Das führt zu einiger Verwirrung – sowohl für ihn als auch für uns.

Eine schwierige Situation: In der anderen Familie bringt man ihm nicht bei, dass es im Familienleben darum geht, sich von Unglück zu befreien oder wie man zur Harmonie im Haus beiträgt. Wenn er zu euch ins Haus kommt, tust du dein Bestes ihn zu unterweisen. Wenn er dann wieder bei seiner anderen Familie ist, sagen die zu ihm: „Was in aller Welt redest du denn da?"

Du kannst einfach nur der Wahrheit der Situation treu bleiben. Und du darfst auf keinen Fall seine leibliche Mutter kritisieren – sie tut ihr Bestes.

Wenn bei dem Jungen ein Konflikt oder eine Frage auftaucht, könntest du ungefähr so mit ihm reden: „Komm, lass uns zusammensitzen und über diese Situation reden. Wenn du bei uns bist, bringen wir dir bestimmte Sachen bei, und es gibt bei uns Regeln für das Zusammenleben. Wenn du dann wieder zu deiner anderen Familie zurückgehst, erzieht dich deine Mama auf ihre Weise, und das gilt zwischen dir und ihr. Aber hier erziehen wir dich anders, und ich habe Vertrauen, dass das, was wir dir sagen, für dich wahr ist. Immer wenn dir jemand sagt, dass etwas für ihn wahr ist, dann solltest du prüfen, ob es auch für dich wahr ist. Und es wird gut für dich sein, wenn du es dein ganzes Leben so machst."

Das ist alles, was du tun kannst. Den Rest überlässt du Gott, denn das Leben hat den Jungen aus seinen eigenen unerforschlichen Gründen in diese geteilte Situation gebracht.

Wahrheit in das zu bringen, wofür du verantwortlich bist, ohne jemand zu kritisieren oder jemandem Vorwürfe zu machen – das ist alles, was du tun kannst. Wenn du in diesem Fall die andere Frau beschuldigst oder kritisierst, wirst du das Kind in seinem Herzen spalten, und das wäre katastrophal.

Vater: Schwierig wird es, wenn ich ihn zu seiner Mutter zurückbringe. Er hat ab und zu sehr emotional geäußert, dass er wirklich bei mir bleiben will. Meistens geht er fröhlich zurück, aber manchmal klammert er sich an mich, und ich muss ihn umdrehen und fast mit Gewalt durch die Tür bringen.

Das Leben schafft diese Situationen, und wir können nur unser Bestes tun. Wenn er größer wird, sagt ihm immer wieder, dass er zwei Familien hat, und dass er sich nicht gespalten zu fühlen braucht. Es ist richtig für ihn, bei seiner Mutter zu leben, denn er wird dort geliebt. Und es ist richtig für ihn, zu euch zu kommen und bei euch zu sein, weil er auch hier geliebt wird. Bemüht euch möglichst jedes Gefühl von Isolation bei ihm aufzulösen, und auch jedes Anstauen von Emotionen, die sich in bestimmten Momenten bei ihm aufbauen können.

Mutter: Ich bin vom Vater meiner Kinder getrennt, und sie gehen ihn am Wochenende und in den Ferien besuchen. Wenn sie zurückkommen, sind sie so aufgeregt, dass es die ganze Woche dauert, bis sie wieder zu sich kommen. Es wird schlimmer, je älter sie werden. Sie kriegen von ihm Dinge mit, die mich unterminieren. Gibt es etwas, was ich dagegen tun kann?

Zunächst einmal: Wenn der Vater die Kinder liebt, wird er die Wahrheit sehen. Kannst du mit ihm darüber sprechen? Wird er dir zuhören? Oder grollt er dir noch zu sehr? Vielleicht ist ihm sein Groll auf dich wichtiger als die Liebe zu den Kindern. Doch selbst wenn es so ist, musst du mit der Situation so gut du kannst umgehen. Wenn einer der Eltern oder beide nach der Trennung nachtragend bleiben, werden es die Kinder psychisch mitkriegen. Ein ehemaliger Partner, der einem immer noch grollt, kann es kaum vermeiden, den anderen Elternteil auf hinterhältige Weise zu unterminieren, und die Kinder tragen es in sich. Sie werden gegenüber Vater oder Mutter eine bestimmte Haltung einnehmen. Früher oder später, wenn es zu Hause ein Problem gibt, besonders in Bezug auf Disziplin, wirst du eines der Kinder zu dir sagen hören: „Naja, Papa sagt, dass du so oder so bist. Du hast dies oder das gemacht!" Wenn sie etwas in der Art sagen, würde es einen schändlichen Mangel an Liebe vonseiten ihres Vaters offenbaren.

Wenn ich der Vater wäre, müsste ich diesen Groll in mir loswerden. Wenn ich unglücklich bin, ist keine Liebe oder Schönheit im meinem Leben, nur eine geballte Faust, die plötzlich zuschlägt in Form einer Gemeinheit oder eines Worts, das Schrammen hinterlässt oder zutiefst verletzt. Ganz egal, was du mir angetan hättest, ich müsste meinen unterschwelligen Hass aufgeben und sterben lassen, denn mein Unglück würde meine Liebe und meine Kinder vergiften.

Kann dein ehemaliger Liebhaber diese Wahrheit hören? Kann er sehen, dass er die Kinder psychisch vergiftet? Weiß er, dass er, solange er böse auf dich ist, nicht frei sein wird, um eine andere Frau wirklich zu lieben? Dass er den Groll und das Unglück in die nächste Partnerschaft mitnehmen und die nächste Frau unglücklich machen wird? Und wenn sie dann unglücklich ist, wird er noch unglücklicher. Das ist die Geschichte der Welt.

Wenn der Vater deiner Kinder nicht hören kann, dass dies die Wahrheit ist, kannst du nur eins tun, nämlich ihnen immer wieder vermitteln, das du sie liebst. Wenn es ruhig im Haus ist und Liebe zwischen euch da ist, dann erzähle ihnen, wie du es siehst, wobei du sehr darauf achten musst, den Vater nicht schlecht zu machen.

„Schaut mal, ich sehe es so: Wenn ihr von Papa wieder nach Hause kommt, seid ihr meistens aufgeregter und aufgedrehter als vorher. Und wenn die Aufregung wieder nachlässt, werdet ihr unglücklich. Ist das richtig? Passiert das nicht öfters? In den nächsten achtundvierzig Stunden gibt es dann oft Ärger und Tränen. Darf ich euch einen Rat geben? Wenn ihr nicht unglücklich sein wollt, dann achtet einmal darauf, dass ihr nicht so aufgedreht werdet.“

Bei älteren Kindern oder Teenagern kommt nach der aufgedrehten Phase oft eine Phase ausgeprägter Rastlosigkeit. Wenn sie es dann mit Autorität zu tun haben oder daran gehindert werden zu tun, was sie wollen, werden sie sehr angespannt und vorwurfsvoll. Mürrisches und grollendes Verhalten kommt daher, dass man vorher zu sehr aufgedreht war. Irgendwann ist die Aufregung immer vorbei, und dann ist das Problem da.

Mann: Ich bin der Stiefvater einer Tochter im Teenageralter, die ich liebe, und ich glaube, dass sie mich auch liebt. Sie ist gerade siebzehn geworden und hat emotionale Probleme. Es ist schwierig mit ihr zu kommunizieren. Niemand kommt an sie heran. Ihre Mutter fühlt sich entmutigt, und ihr leiblicher Vater hat scheinbar wenig Verständnis und ist keine Hilfe. Ich würde gerne tun, was ich kann, um ihr die Dinge zu erklären. Hast du einen Rat für mich?

Mit siebzehn haben unsere Kinder ihre Individualität entwickelt, und bei vielen von ihnen sind bereits emotionale Störungen, viel Wut und Frustration vorhanden. Wenn ihr nicht von klein auf eine spirituelle Lebensweise vermittelt worden ist, wird es dir schwer fallen, ihre Probleme anzusprechen. Wenn sie es nicht gelernt hat, sich davon zu befreien unglücklich zu sein, was kannst du dann tun? Wenn sie sich dir nicht anvertraut, kannst du an ihrem Leben nicht teilnehmen. Und es gibt nun einmal keine andere Möglichkeit herauszufinden, was sie so frustriert oder wütend macht. Wenn man von seinem leiblichen Vater getrennt worden ist, können im Unterbewusstsein sehr verwickelte und komplizierte Kräfte am Werk sein. Niemand ist schuld an der Trennung, aber vielleicht macht sie unbewusst ihrer Mutter Vorwürfe – oder dir, weil du nicht ihr Vater bist.

Du kannst nur dein Bestes versuchen, um mit ihr in einen Dialog zu treten. Die Familie ist gespalten, aber es ist Liebe da, und das ist wunderbar. Die Tatsache, dass sie dich liebt und du sie liebst, ist in dieser Situation die Hoffnung. Vielleicht schaffst du es, dich mit ihr im richtigen Moment zusammenzusetzen und ein intelligentes Gespräch darüber zu führen, wovon sie sich gestört fühlt.

Ermutige sie einfach, ihr Problem auszusprechen und lasse sie wissen, dass du alles tun wirst, was du kannst, um ihr zu helfen, damit umzugehen. Aber nehme keine spirituelle Haltung ein und mache ihr keine schweren Vorwürfe. Wenn du versuchst ihr zu sagen, wie dumm sie ist, wirst du sie wahrscheinlich gegen dich aufbringen oder noch mehr Wut und Frustration in ihr hervorrufen.

Stelle dich, so weit es geht, auf sie ein und schau, was für sie wichtig ist. Es ist nur deshalb so schwierig mit jungen Leuten zu kommunizieren, weil sie sich in der Zeit, wenn sich in ihrem Körper sexuelle Spannungen aufbauen, von den Erwachsenen, die ihnen am nächsten stehen, isolieret werden. Um mit ihnen zu kommunizieren, müssen wir an ihrem Leben genügend Anteilnahme zeigen, damit sie wissen, dass wir daran interessiert sind, wie sich ihre Individualität entwickelt.

Mann: Ich habe bereits eine Familie gehabt und Kinder groß gezogen, die schon alle von zu Hause ausgezogen sind. Nun bin ich älter und weiser (ich höre dir nämlich seit einiger Zeit zu), und stehe nun da und schaue zu, wie meine erwachsenen Kinder hingehen und all die falschen Dinge tun. Die Ironie dabei ist natürlich, dass in erster Linie ich ihr Lehrer war. Manchmal ist es schwierig damit zu leben.

Falsche Dinge ... Du meinst damit Dinge, die sie unglücklich machen. Und als unwissende Eltern ermutigen wir sie dazu!

Einunddreißig Jahre lang war dieser Körper von mir ziemlich unwissend. Mit Mitte zwanzig war ich verheiratet und hatte zwei kleine Kinder, einen Jungen und ein Mädchen. Und genauso wie du deinen Kindern, habe ich ihnen die falschen Dinge beigebracht. Als ich später begann, mein Innenleben in Ordnung zu bringen, musste ich sie verlassen. Ich bemühte mich, mit den Kindern zu kommunizieren, aber es war zu spät, und heute sind sie, soviel ich weiß, nicht besonders angetan von dem, was ich sage. Ich sehe sie kaum, aber es ist Liebe da, und das ist alles, was zählt. Wenn wir mehr Lebensweisheit und auch mehr Liebe in uns haben, müssen wir mit dem Wissen leben, dass wir nicht mehr der Mann oder die Frau sind, die wir gestern waren.

Das Leben sollte ein Prozess wachsender Weisheit und Wahrheit sein. Jemand musste deinen Kindern ihre Ignoranz schließlich beibringen, und du warst dabei so gut wie jeder andere, oder nicht? Die Jugend ist ewig optimistisch. Für die Jugend gibt es keinen Tod. Wenn wir jung sind, wird er niemals zu uns kommen. Also stürzt sich die Jugend weiter in die Ignoranz und versucht, die Werte der Mütter und Väter entweder zu erreichen oder abzulehnen, ohne zu ahnen, dass es ohnehin nur falsche Grundsätze waren – denn so läuft das Spiel nun einmal. Wir alle müssen in Ignoranz, Emotionen und Schmerz eintauchen. Es ist schrecklich, aber so ist es.

Wir müssen durch den schwarzen Tunnel des Lebens

hindurchgehen, denn nur so erfahren wir wie man lebt. Engel (wenn es solche Wesen gibt) haben nicht die Erfahrung eines Lebens als Mann oder Frau und können deshalb Gott nicht erkennen. Männer und Frauen sind gefallene Engel, gefallen in die Erfahrung von Gut und Böse, von Richtig und Falsch. Und unsere Kinder müssen genau wie wir durch den Tunnel des Lebens gehen, bis sie am anderen Ende mit dem Wissen von Gut und Böse wieder herauskommen.

Im Leben ist, wenn man Erfahrungen gemacht hat, das, was einmal gut war, nun schlecht. Nur wenn wir rufen: „Gott, hilf mir!", kann uns das Leben unsere eigene Wahrheit übermitteln. Wir lassen unsere Erfahrungen nie hinter uns, aber wir beginnen sie zu durchschauen. Dann klettern wir aus dem Tunnel heraus. Auch wenn du deinen Kindern nun nicht mehr helfen kannst, wirst du für sie da sein, wenn sie etwas verlieren, das ihnen viel wert ist. Vater ist für sie da – ein Mann mit größerer Weisheit. Dann werden sie in der Lage sein, zu dir als Guru zu kommen und dich um Hilfe zu bitten. Und wenn sie dann in die Welt gehen und wieder dieselben Fehler machen, selbst wenn sie verrückt werden sollten, verzweifle nicht. Warte einfach.

Ein Vater, der seine Kinder liebt, wartet einfach mit seiner Weisheit und seinem Wissen.

„Ich bin immer hier, mein Sohn oder meine Tochter. Ich werde mich so wenig wie möglich einmischen, aber ich bin immer hier, und wenn jemals eine Zeit kommt, in der du mich brauchst, sollst du wissen, dass ich hier sein werde."

ELTERN ANTWORTEN

DIESES BUCH KANN EUCH lediglich Türen öffnen. Es ist hier, um euch zu helfen, eure eigene Genialität als Eltern zu entdecken. Die Gesichtspunkte, die ich anführe, und die Beispiele und Veranschaulichungen, die ich euch gebe, sind wie Punkte in einem Malbuch für Kinder. Es liegt nun an euch, diese zu verbinden, das Bild zu vervollständigen.

ICH SEHE, *dass eigentlich nicht die Kinder das Problem sind, sondern eher unsere Reaktionen auf die Kinder. Nicht: „Wie können sie nur...?" sondern „Wie kann ich..." In gewisser Weise ist das eine große Erleichterung. Die Schlacht wird hier ausgetragen, nicht dort. Das befreit uns alle von Schuld und macht mich gleichzeitig verantwortlich.*

MEIN SOHN *ist jetzt zehn Monate alt, mein erstes Kind. Er ist wunderbar. Im Allgemeinen ist er sehr glücklich, voller Energie und sehr verspielt. Es ist die schwerste Arbeit, die ich jemals geleistet habe, manchmal sehr schwer. Besonders am Anfang wusste ich nicht, wo ich bin und was ich tue. Ich wusste nicht, warum man Kinder bekommt. Warum haben die Leute Kinder ... ? Jetzt macht er uns total viel Freude, und wir lernen viel von ihm. Ich glaube, das Größte, was ich von ihm bekomme, ist die Gelegenheit zu sehen, wie sehr wir Aufmerksamkeit suchen und wie wütend wir werden, wenn wir nicht bekommen, was wir wollen. Und ich stelle fest, dass ich diese Gelegenheit ganz schön oft bekomme, wenn ich sie nur erkennen kann.*

WIE GEHE ICH *mit einem „fordernden Kind“ um? Das scheint mir ein wichtiger Schlüssel für Vieles zu sein. Wenn mein Sohn etwas fordert, ist er sofort außer sich – außerhalb von sich – und nicht er selbst. Er ist natürlich mein Spiegel, denn ich sehe, dass ich genau dasselbe mache. Es ist sehr nützlich, das zu sehen, weil ich dieses Prinzip auf jede Situation anwenden kann.*

WIR HATTEN EINE PHASE *von mehreren Wochen, in der mein Partner und ich nicht ehrlich zueinander waren. Während dieser ganzen Zeit war der Umgang mit unserem Sohn sehr schwierig. Er war weinerlich und aufmüpfig. Er erkältete sich und wollte die ganze Zeit an mir hängen. Eines Abends, als wir alle drei beim Abendessen saßen, begannen wir offen darüber zu sprechen, was wir die ganze Zeit vermieden hatten. Es war so gut, endlich wieder ehrlich zu reden. Was außergewöhnlich war, dass im Laufe unseres Gesprächs der Junge viel ruhiger wurde. Er war glücklich, uns einfach zuzuhören. Am Ende schaute er uns wieder direkt in die Augen, und als er redete, sprach er ganz ruhig. Wir konnten seine Liebe wieder spüren. Das war eine erstaunliche und sofortige Spiegelung unserer Situation. Doch ich wurde auch wieder einmal daran erinnert, wie verantwortlich ich für die Umgebung bin, in der ich lebe, und für meine Emotionen.*

MANCHMAL WAR DAS, *was du sagst, ganz neu für mich. Dann wieder fühlte ich mich von dir einfach bestätigt in dem, was ich bereits tue. Aber ich habe es gebraucht, denn mein Problem ist, dass ich an mir selbst zweifle. Ich habe manchmal das Bedürfnis, mal wieder zu hören, dass es in Ordnung ist, was ich mache. Wenn ich mich entspannen kann, geht alles einfacher. Selbst wenn ich dieselben Dinge tue, geht mein Sohn anders damit um. Er geht viel leichter auf mich ein. Wenn ich angespannt bin, geht er nicht wirklich auf mich ein, sondern wehrt sich und entfernt sich von mir. Ich erkenne nun, dass meine Selbstzweifel auf ihn übergegangen sind. Es sind meine Gefühle, die er aufnimmt, nicht nur meine Worte und Handlungen.*

AM WICHTIGSTEN WAR *für mich die Einsicht, dass ich meinen Sohn in die Welt gehen lassen muss, ihn Erfahrungen machen lassen muss. Ich war immer überzeugt gewesen, dass ich ihm die Welt und Leiden ersparen kann, wenn ich nur den richtigen Weg finden könnte, es zu tun. Nun weiß ich, dass es nicht möglich ist.*

ICH MUSS SAGEN, *ich habe offenbar keine wirklichen Probleme mehr. Ich stelle fest, dass wir in letzter Zeit alle sehr harmonisch zusammen arbeiten, und das ist eine tolle Sache. Es kommt kaum vor, dass jemand im Haus schlechter Laune ist. Diese Lehre zu leben, hat mir wirklich geholfen mit den auftretenden Situationen umzugehen. Ich finde es heute ganz einfach, irgendwelche Unstimmigkeiten mit meinem Sohn zu bewältigen. Er ist meistens fröhlich und sehr umgänglich, und wenn mal eine Laune kommt, dann kann er schnell damit fertig werden. Ich sehe allerdings auch, dass ich ihm nichts durchgehen lassen darf; alles muss angespro-*

chen werden. Ich muss jede Störung, die bei ihm oder bei mir selbst auftaucht, direkt angehen. Aber alles ist gut, solange ich klar, frei von Emotionen und präsent bin.

ICH HABE MIT *meinem Sohn über die Wahrheit gesprochen, seit er etwa zwei Jahre alt war. Wir sind ruhig zusammen, meditieren oder sind einfach nur da. Er nimmt alles begierig auf und sehr ernsthaft. Obwohl er erst fünf ist, zeugen seine Äußerungen von bemerkenswerter Einsicht. Ich habe ihn zum Beispiel gefragt, wie es ist einfach in den inneren Raum zu schauen, und er sagte: „Stille hört Stille." Er kannte den Satz aus einem Buch, wo in einer Geschichte ein Junge in den Schacht einer Mine hinunter ruft, aber er übersetzte das Bild sofort in eine innere Erfahrung und wendete es richtig an.*

Ein anderes Mal fragte ich ihn: „Bist du ein guter Junge? Wirst du später mal ein guter Mann sein?"

Er blickte sehr ernst und antwortete: „Sag du es mir."

„Ich würde sagen, ja," antwortete ich. „Je mehr du das Unglück draußen lässt."

„Es wird immer schwieriger", sagte er ganz ehrlich. „Es gibt so viele Ablenkungen."

Kinder sind immer ein Spiegel, in den die Eltern hineinschauen können. Ich vertraue, dass es uns allen etwas gebracht hat, gemeinsam in den Spiegel zu schauen.

ÜBER DEN AUTOR

BARRY LONG WURDE 1926 IN AUSTRALIEN geboren und erlebte in seiner Kindheit die Wirtschaftskrise der dreißiger Jahre. Weder seine Spielkameraden auf den Schulhöfen von Sydney, noch die Tanten und Onkel, auf deren Farmen er seine Ferien verbrachte, konnten auch nur die leiseste Ahnung davon haben, dass er einmal der spirituelle Vater für Tausende von Menschen aus verschiedenen Ländern mit unterschiedlichstem Hintergrund werden sollte.

Er verließ die Schule mit fünfzehn Jahren, um bei der Zeitung zu arbeiten und arbeitete sich durch verschiedene Positionen hinauf bis zum Redakteur einer populären Sonntagszeitung mit dem Namen *The Truth* – Die Wahrheit. Doch natürlich ging es dort nicht um die Wahrheit – die wirkliche Wahrheit des Lebens. Für ihn allerdings war die Wahrheit, seit er Anfang dreißig war, das, was er wirklich wissen wollte. Worum geht es im Leben? Wozu sind wir hier? Die uralten Fragen. Schließlich musste er dafür sein bequemes Leben in Australien aufgeben. Er zog sich nach Indien zurück, wo er eine tief greifende spirituelle Verwirklichung erfuhr – einen „mystischen Tod." Darauf folgte später, als er in London lebte, die – wie er es nannte – „transzendentale Verwirklichung". Die Wahrheit war nun in ihm. Und zunehmend wurde die Wahrheit zu seinem Leben.

Im Laufe der Jahre entdeckten immer mehr Menschen Barry Long, und er reiste rund um die Welt, um seine Seminare „Die Wahrheit des Lebens und der Liebe" zu halten. Bei diesen Versammlungen forderte er seine Zuhörer auf, nichts von dem zu glauben, was er sagte, sondern es in ihrer eigenen Erfahrung zu testen. Er wollte, dass sie die Wahrheit in die Praxis umsetzen und in ihrem Alltagsleben verwenden sollten. Wenn Fragen auftauchten, wollten die Leute in den meisten Fällen seine Hilfe für ihr Liebesleben und die Probleme mit ihren Kindern.

Barry Long hatte zwei eigene Kinder, einen Jungen und ein Mädchen, sowie drei Stiefsöhne. Er hatte das Familienleben in drei Ehen erfahren: die erste als junger Mann in Australien mit zwei Kleinkindern, die zweite mit Julia in England mit zwei Stiefsöhnen im Teenageralter und die dritte wieder in Australien, wohin er mit seiner dritten Frau Kathy und ihrem Sohn Simon zurückkehrte, der einen wichtigen Beitrag zu diesem Buch leistet..

In den neunziger Jahren wurde Barry Long als origineller und kompromissloser spiritueller Meister berühmt. Seine Lehren zum Thema Liebe und Sexualität stießen auf besonders großes Interesse. In Deutschland begannen seine Lehren Wirkung zu zeigen, nachdem er 1990 zu einem Seminar in Frankfurt eingeladen worden war, und in den folgenden fünf Jahren kam er jedes Jahr nach Deutschland. Seine Bücher haben weltweit eine engagierte Leserschaft und sind in zwölf Sprachen übersetzt.

Seit 1996 blieb Barry Long in Australien, und Menschen aus aller Welt kamen zu seinen Veranstaltungen um ihm zu begegnen. Als sein Gesundheitszustand schlechter wurde, hielt er 2002 seine letzte „Meistersitzung" und starb am 6. Dezember 2003.

LESEN SIE MEHR ÜBER ELTERN UND KINDER VON BARRY LONG

Barry Long
WAS ELTERN GEBEN KÖNNEN!
Mit Liebe und Gerechtigkeit Kinder auf die Schule
und die Welt vorbereiten
ca. 280 Seiten, Hardcover
ISBN 3-936360-22-7

Wie können wir Kindern helfen, eine starke Persönlichkeit zu entwickeln, die nicht aus der Unsicherheit entsteht?
Wie können wir die negativen Einflüsse der modernen Welt abwehren?
Was sollen wir ihnen über Sex und Liebe erzählen?
Und was über den Tod? Über Gott?

Erscheint Herbst 2007

Mehr über die Arbeit von Barry Long in Deutschland und weitere Bücher von ihm:

Terra Versand
Postfach 700 155
D-79055 Freiburg.
terra-versand@t-online.de

Diana & Michael Richardson
ZEIT FÜR GEFÜHLE
DIE KRUX MIT DEN EMOTIONEN
IN DER PARTNERSCHAFT

160 S., Broschur
ISBN 978-3-936360-20-2

Die Autoren zeigen in nur fünf Schritten einen einfachen, für jeden gangbaren Weg, wie man Emotionen erkennt, hinter sich lässt und Raum für echte Gefühle schafft, um so der Liebe eine Chance zu geben.

„Für mich gehören die Bücher von Diana Richardson – und nun auch erstmals von ihrem Mann - zu den Wichtigsten, die ich in den letzten Jahren gelesen habe."

Eva-Maria Zurhorst,
Autorin des Bestsellers „Liebe dich selbst..."

Diana Richardson
ZEIT FÜR LIEBE
SEX, INTIMITÄT UND EKSTASE IN BEZIEHUNGEN

288 S., Broschur
ISBN 978-3-936360-11-0

Egal ob One-Night-Stand oder langjährige Beziehung: Beide leiden an einem Mangel an Intimität im sexuellen Beisammensein.
In einfachen, nachvollziehbaren Schritten zeigt uns die Autorin, wie man mit dem Partner eine erfüllte Sexualität leben und dabei die Sensibilität steigern kann.
Sich Zeit nehmen zum „Liebemachen", sich mit sexueller Energie aufladen und die Ekstase des tantrischen Aktes immer wieder genießen – das sind die Schlüssel zu einem erfüllten Sexleben. natürliche Folge.